Julia Brodauf

Mit Kindern in
Berlin

Inhaltsverzeichnis

 im Grünen

 actionreich

 Einkehrmöglichkeit

geeignet für Kinder ab – Jahren

1 – **202** diese Orte sind auf den Innenstadtkarten ab Seite 176 verzeichnet

Vorwort

„Es war ein großer Reiz der Reisebilder, die man im Kaiserpanorama fand, daß gleichviel galt, bei welchem man die Runde anfing. Denn weil die Schauwand mit den Sitzgelegenheiten davor im Kreis verlief, passierte jedes sämtliche Stationen, von denen man durch je ein Fensterpaar in seine schwachgetönte Ferne sah.“

Walter Benjamin, Berliner Kindheit um 1900

So ein Kaiserpanorama findet man in Berlin auch heute noch: Zum Beispiel im Märkischen Museum. Auch Kinder mit zeitgenössischer Medienkompetenz können sich für die Behäbigkeit der kreisenden 3-D-Fotografien begeistern, die einen Einblick in die Zeiten erlauben, die für die junge Generation noch viel unvorstellbar weiter zurückliegen als für uns Erwachsene. Vielleicht erinnern sich einige von uns bereits an ihre eigene Berliner Kindheit – um 1970 oder 80. Auch unsere Kinder werden sich eines Tages erinnern – den Blick, den sie auf Berlin haben, können wir letzten Endes nur erahnen – aber wir können ihn beeinflussen. Indem

Die Autorin entdeckt gemeinsam mit ihrem Sohn die Hauptstadt immer wieder neu.

wir sie die Möglichkeiten der Stadt nutzen lassen. Als Stadtbewohner oder Stadtbesucher. Sie erleben eine Stadt mit einer langen Vergangenheit, der sie vielleicht eines Tages neue Bausteine hinzufügen werden. Und sie erleben eine Abenteuer-Stadt mit einem breiten Freizeitangebot.

Die große Stadt und das kleine Kind – keine schlechte Kombination. Zum einen für den Alltag mit den Heranwachsenden, die für annähernd jedes Bedürfnis in Sachen Sport oder Hobby ein entsprechendes Angebot finden können. Zum anderen auch für Berlin-Besucher, die einen Urlaub verbringen möchten, der alle Familienmitglieder interessiert und entspannt. Und für das Zwischending: Berliner Familien, die mit gemeinsamen Unternehmungen in und um ihre Stadt herum kleine Alltagsfluchten und Auszeiten erleben können.

Ich danke meinen Freundinnen und Freunden, besonders Leni Höllerer, die mich mit Hinweisen unterstützt haben. Janina Johannsen und Klaus Scheddel sowie das Team vom via reise Verlag, aber auch meine Eltern, Felix Müller und mein Sohn haben viel Geduld gehabt. Den wärmsten Dank dafür.

Julia Brodauf arbeitet in Weißensee, wohnt in Pankow und lebt im Prenzlauer Berg. *Mit Kindern in Berlin* wäre nicht entstanden ohne das eigene Kind und den damit veränderten und erweiterten Blickwinkel. Dabei hat sich die Berliner Autorin und Künstlerin schon unter den unterschiedlichsten Blickwinkeln der Stadt genähert. Beispielsweise als Spaziergängerin (*Berlin Kiez für Kiez*), als Erforscherin stiller Winkel (*Romantisches Berlin*) oder als Museumsbesucherin (*Die 101 besten Museen in Berlin*) mischte sie jeweils ihr Interesse für die Kunst und Kultur Berlins mit Erfahrungen zu deren Praxistauglichkeit.

Typisch Berlin:
Hier werden selbst die
S-Bahnen auf dem Spielplatz
mit Graffitis besprüht. Zu finden zwischen Simplonstraße
und Revaler Straße nahe
dem Ostkreuz.

Spaß & Erlebnis
im Grünen

Für einen erfolgreichen Ausflug im Nahbereich mit Kindern aller Altersstufen braucht es nur eine Handvoll Dinge: Platz zum Toben. Ein Klettergerüst. Tiere zum Angucken und Streicheln. Wasser zum Abkühlen und Spritzen. Und für die Eltern ein Café, eine Liegewiese oder wenigstens eine Bank zum Ausruhen. Und manchmal geht auch alles auf einmal. Oft gibt es auf dem Spielplatz auch eine Plansche. Manchmal sogar Tiere. Manchmal gibt es dort, wo die Tiere sind, ein schönes Kindercafé oder im Park ein Schwimmbad.

Tipp:
Alle Spielplätze, auch die Waldspielplätze, sind auf den Seiten www.stadt-entwicklung.berlin.de verzeichnet.

Die besten Spielplätze

Manchmal ist es ganz einfach: Da genügt ein Buddelkasten und eine Schaukel, dazu vielleicht ein bester Freund respektive Freundin, und es ist für stundenlange Beschäftigung gesorgt. Oft reicht dem Kinderherz schon, dass es Kastanien gibt, und somit ist der nächste Spielplatz genau der Richtige. Von denen gibt es im Berliner Stadtgebiet circa 1 800 offizielle und noch manchen mehr in Wohnanlagen oder an Schulen. Manchmal ist aber selbst der Abenteuerspielplatz vor der Tür durchgespielt und langweilig, und wir gehen mal woanders hin.

Leise Park (Prenzlauer Berg) 1

Hinter dem gusseisernen Tor in der Mauer entlang der Heinrich-Roller-Straße verbirgt sich ein unerwartetes Paradies für Kinder und Eltern: ein verwunschener Spielpark voller Wäldchen und verwilderter Wiesen, mit naturnahen Spielangeboten aus schlichten Steinen und Stämmen, ein paar Schaukeln und Klettermöglichkeiten, Spielinseln in der Sonne und im Schatten. Der Park war hundert Jahre lang ein Friedhof und ist es noch: Efeu wuchert über einzelne, dort belassene Grabsteine.

Heinrich-Roller-Straße 2 | März–Okt. 8–20 Uhr, Nov.–Feb. 8–17 Uhr |
U-Bahnhof Senefelderplatz (U2) oder Tram M2 bis Prenzlauer Allee/Metzer Str.

Spielplätze auf dem Kollwitzplatz (Prenzlauer Berg) 2

Hier thront die bronzene Käthe ernst zwischen dem ausgelassenen Trubel zweier Spielplätze: eine große Sandfläche mit Kletter- und Schaukelgeräten für kleinere Kinder auf der einen Seite und ein Kletterparcours mit größeren Rutschen für größere Kinder auf der anderen Seite, dazu eine Liegewiese.

Kollwitzplatz | U-Bahnhof Senefelderplatz (U2)

Tipp:
Markttreiben rund um den **Kollwitzplatz:** Am Donnerstag ab 12 Uhr ist Ökomarkt und am Samstag von 9 bis 16 Uhr Wochenmarkt.

Spielplatz am Wasserturm (Prenzlauer Berg)

Auch dieser Spielplatz beschäftigt die älteren wie die jüngeren Geschwister: mit einer großen Rutsche, einem Sandbagger und Trampolinen die einen, mit kleinen Spielhäuschen die anderen. Auf dem Gelände rund um Wasserturm und Wasserspeicher kann man auch einen Berg besteigen.

Kolmarer Staße | Tram M2 bis Knaackstr. oder U-Bahnhof Senefelderplatz (U2)

Spielplatz am Arnimplatz (Prenzlauer Berg) 4

Spielen mit langer Tradition: Spielplätze an und für sich waren noch sehr ungewöhnlich, als der Platz 1910 angelegt wurde. Die Spielgeräte wurden allerdings in der Zwischenzeit erneuert – für kleinere Kinder eine Ritterburg zum Klettern, für größere ein Balancierparcours. Und mehr.

Arnimplatz | S-/U-Bahnhof Schönhauser Allee

Spielplätze im Falkplatz (Prenzlauer Berg) 5

Der Falkplatz ist ein kleiner Park und hier gibt es gleich zwei lohnende Spielplätze: einen klassischen mit großem Klettergerüst, vielen Rutschen und einem witzigen Karussell, ein paar Meter weiter ein großes Klettergerüst aus Seilen, das es zu überwinden gilt.

Falkplatz | S-/U-Bahnhof Schönhauser Allee

Hier kann ganz viel balanciert werden: auf dem Stangenspielplatz im Park am Gleisdreieck (▸ Seite 16).

Toben und spielen macht hungrig – da ist ein Eis für die Pause genau das Richtige

Spielplatz an der Marie (Prenzlauer Berg) 6

Die „Marie", wie sie liebevoll von ihren kleinen und großen Fans genannt wird, ist ein riesiger Spielplatz mit vielen unterschiedlichen Spiel -und Sportbereichen. Mit dabei sind ein Wasserspielplatz, Kletterelemente, ein großes Spielschiff, Bolzplatz und eine Sprintbahn zum Inlinern, Rad- oder Rollerfahren und mit zahlreichen Büschen zum Verstecken.

Marienburger Straße 46 | Tram M4 bis Hufelandstr.

Wenn's zu heiß wird:

Auf zur **Plansche!** Die plätschert eine Etage weiter unten im **Weinbergspark**. Oder ein Eis? Das gibt's in der anderen Richtung, bei **Glücklich Am Park** an der Kastanienallee.

Spielplatz im Volkspark am Weinberg (Mitte) 7

Das Markante an diesem Spielplatz sind die „blauen Berge", eine gummierte Hügellandschaft zum Herumtoben. Es gibt einen Kleinkinder-Bereich mit Rutsche, Schaukel und Wipptieren, aber auch eine große Kletterspinne, einen Ballspielplatz, Karusselle und Trampoline.

Veteranenstraße 4 | U-Bahnhof Rosenthaler Platz (U8)

Spielplatz am Tiergarten 8

Am Rande des Tiergartens gelegen, zwischen *Schloss Bellevue* und dem *Haus der Kulturen der Welt*, kann auf rund 3 000 Quadratmetern getobt werden. Es gibt ein „echtes" Auto zum Wippen, eine Kletterburg, eine Seilpyramide und auch eine Seilbahn. Und natürlich Buddelkasten und Schaukeln.

John-Forster-Dulles-Allee | Bus 100 bis Haus der Kulturen der Welt

Spielplatz im Volkspark Wilmersdorf 9

Sehr viel Auslauf mitten im Volkspark Wilmersdorf. Der Spielplatz hat gleich zwei Seilbahnen, Rutschen für jede Größe, Wasserpumpen, Klettergerüste, Schaukeltiere und viel Platz zum Radfahren, Toben und Picknicken.

Hans-Rosenthal-Platz | S-/U-Bahnhof Innsbrucker Platz

Tipp:
Hunger und Durst und der Picknickkorb leer? Gleich neben dem **Volkspark Wilmersdorf** versorgt das **Parkcafé Pusteblume** mit Nachschub (▶ Seite 128).

Spielplatz Zirkus Aladin (Wilmersdorf) 10

Manege frei! Es geht durch ein buntes Holzportal in den Zirkus, drinnen wartet auch ein Kletterelefant auf die Kunststücke junger Artisten. Das Zirkuszelt selbst ist eine große Kletterkombination, dazu Wasserspielbereich, Schaukeln, Buddelsand, Ballspielplatz und mehr.

Nikolsburger Straße 6–7 | U-Bahnhof Hohenzollernplatz (U3)

Spielplatz Sherwood Forest (Charlottenburg) 11

Sagenhaft: Es gibt eine Burg mit echten Zinnen. Das begeistert kleine Robin Hoods und Lady Marians. Die Kletterburg liegt direkt am Savignyplatz und unterhält mit Hängebrücken, Baumplattformen und Rutschen. Seilbahn, Schaukeln, Wasserstelle gibt's auch.

Knesebeckstraße 78 | S-Bahnhof Savignyplatz (S5, S7) oder
U-Bahnhof Uhlandstraße (U1)

Piraten-Spielplatz (Charlottenburg) 12

Das große Piratenschiff *Black Pearl* lässt sich dank Stegen, Netzen und Ausguck ausgiebig beklettern, berutschen und betoben. Schön ist außerdem die Lage am Ufer der Spree.

Tegeler Weg 97 | Bus 109 bis Schlossbrücke

Tipp:
Klar zum Entern ist auch das **Piratenrestaurant** (▶ Seite 126) mit viel gruseligem Inventar gleich gegenüber dem **Piraten-Spielplatz**.

Dschungelspielplatz am Bäkepark (Steglitz)

So einen freundlichen Tiger hat man noch nicht gesehen. Zusammen mit anderen, holzgeschnitzten Zebras und Giraffen wartet er auf spielende Kinder. Direkt am Teltowkanal gibt es hierfür Schaukeln, Wippen und Kletterburgen mit Rutschen, Hängematten und Spielhütten zum Ausruhen.

Dalandweg 21 | Bus 283 bis Amfortasweg

Spielplätze im Volkspark Friedrichshain 13

Der Märchenbrunnen:
106 Skulpturen mit Motiven aus den **Märchen der Gebrüder Grimm** schmücken die neobarocke Brunnenanlage. Es macht großen Spaß gemeinsam mit den Kindern zu überlegen, welche Märchen dargestellt sind!

Im Volkspark Friedrichshain kann an unterschiedlichen Stellen gespielt werden. Zum einen befindet sich nahe des Märchenbrunnens ein Spielplatz mit maritimem Thema: mit Leuchtturm, Schaukel-Boot und Wasserspielen. Gegenüber liegt die Plansche mit wasserspeienden Elefanten und Seelöwen. Im Park gibt es noch ein großes Indianerdorf mit Bogenbrücke, Kletteranlage und einer Seilbahn. Und im Parkbereich an der Danziger Straße finden Ältere einen Ballspielplatz, eine Skateranlage, einen Kletterfelsen und mehr.

Volkspark Friedrichshain | Tram M4 bis Am Friedrichshain

1001-Nacht-Spielplatz (Neukölln) 14

Diesen bunten Spielplatz im Volkspark Hasenheide dekorieren Aladin und Konsorten. Ein großes Kletterschiff, ein „fliegender Teppich" und viele andere Schaukel- und Klettergeräte sind zu erobern. Schön ist auch das Tiergehege mit Schafen und Eseln.

Neben dem Freiluftkino Hasenheide | U-Bahnhof Hermannplatz (U7, U8)

Drachenspielplatz (Friedrichshain) 15

Tipp:
Leckeres Eis und mehr gibt es gleich gegenüber dem **Drachenspielplatz** in der **Kinderwirtschaft** (► Seite 128).

Der riesige Drache aus Holz ist das Highlight des großen Spielplatzes im Samariterkiez. Hier kann geklettert, gehangelt und gerutscht werden. Halbrund um den Spielplatz, der weitere Kletter- und Hangelgerüste, Schaukeln und eine Wasserpumpe besitzt, zieht sich eine Art Tribüne mit Sitzgelegenheiten.

Schreinerstraße 48–49 | U-Bahnhof Samariterstraße (U5)

Ein großes grünes Monster, das erklommen werden kann: auf dem Drachenspielplatz in Friedrichshain.

Pippi-Langstrumpf-Spielplatz (Neukölln)

Auf 6 000 Quadratmetern in der Gropiusstadt können all die kleinen Annikas und Thomasse die Abenteuer aus den Pippi-Langstrumpf-Büchern und -Filmen nachspielen: Da gibt es eine Villa Kunterbunt und jede Menge exotische Anleihen an Taka-Tuka-Land: Pfahlhütten, Mangrovenwald, Urwaldlandschaft zum Klettern. Außerdem: Wasserspielplatz, Tischtennisplatten, Trampoline.

Theodor-Loos-Weg 12 | U-Bahnhof Zwickauer Damm (U7)

Spielplatz Ayers Rock (Tempelhof)

Mal was anderes: Nicht nur die üblichen Spielgeräte, sondern große Felsblöcke warten darauf, erklommen zu werden. Außerdem machen Sandkästen und Brücken, eine Hütte und in der warmen Jahreszeit eine Pumpe den Spielplatz auch für Kleinkinder interessant.

Richterstraße 5 | U-Bahnhof Alt-Mariendorf (U6)

Tipp:
Im **Bürgerpark Pankow** (▶ Seite 17) bewirtet das **Café Rosenstein**. Und der **Kinderbauernhof Pinke-Panke** (▶ Seite 31) ist auch gleich nebenan.

Spielplatz im Bürgerpark Pankow

Hinten im Bürgerpark gibt es ein großes Areal auf Sand, mit Rutschen und Klettermöglichkeiten, dazu Wipptieren und im Sommer einer Wasser-Matsch-Anlage. Ringsumher viele Bänke und eine große Wiese in der Nähe des Tiergeheges.

Am Bürgerpark 15–18 | Tram M1 oder Bus bis Bürgerpark Pankow

Spielplätze Wiesentraum & Blauer Wuhl im Wiesenpark (Marzahn)

Der *Wiesentraum* ist ein künstlicher Kletterwald aus 200 Stämmen mit Netzen und Seilen, der geschickte, ältere Kinder eine Weile beschäftigt. Der *Blaue Wuhl* soll eigentlich einen Wal darstellen, auch zum Klettern. Drumherum ein ganzer Park zum Ballspielen und Toben.

Eisenacher Straße 99 | Bus 195 bis Gärten der Welt

Waldspielplatz am Schildhorn (Wilmersdorf)

Ein Spielplatz als Ziel für einen Waldausflug – rund um die Havelchaussee lässt sich viel entdecken, zwei Ausflugslokale sind in der Nähe, und passend zum Ausblick auf die Havel turnt es sich hier abenteuerlich auf einem Piratenschiff.

Straße am Schildhorn 13 | Bus 218 bis Schildhorn

Der Spielplatz neben dem Biergarten Jockel (▶ Seite 125) in Kreuzberg ist auch sehr beliebt

Parks & Gärten

Berlin ist definitiv eine grüne Stadt. Die Wohngebiete sind durchsetzt von Parks und Grünzügen – man muss also nicht unbedingt die Stadt verlassen, um auf einer Wiese Ball zu spielen, unter Bäumen zu sitzen oder mit einem Kinderrad abseits des Autoverkehrs unterwegs zu sein. Vom geschützten Wildwuchs bis zum dicht besetzten Paradies der Sonntagsgriller ist für jedes Outdoor-Bedürfnis eine passende Grünfläche zu finden.

Volkspark Friedrichshain 16

Schon 1848 eingeweiht, ist der Friedrichshain mit seinen Liegewiesen, dem Schwanenteich, einem Biergarten, dem Freiluftkino und vielem anderen ein echter Volkspark für die Bewohner von Friedrichshain und Prenzlauer Berg. Im Sommer erkennt man ihn schon von Weitem an der aufsteigenden Rauchwolke: Hier wird gegrillt, zu Füßen zweier Bunkerberge und inmitten von Beachvolleyballplätzen, Klettersteinen und einer Inliner-Runde. Skulpturen aus den Grimmschen Märchen schmücken den Märchenbrunnen an der Ecke Friedenstraße/Am Friedrichshain. Ringsumher warten mehrere Spielplätze (▸ Seite 12) und eine Plansche (▸ Seite 21).

Zugang z. B. an der Ecke Friedenstraße/Am Friedrichshain oder von der Danziger Straße |
Tram M4 bis Am Friedrichshain oder Tram M10 bis Kniprodestr./Danziger Str.

Tiergarten 17

Berlins grüne Insel: Und mit Tieren nahm tatsächlich alles seinen Anfang. Im 16. Jahrhundert jagte hier die Hofgesellschaft, dann wurde ein spätbarocker Lustpark daraus und noch später ein englischer Landschaftspark – daher Schmuckelemente wie Rosengarten, Englischer Garten und Skulpturen.

Der Tiergarten, das sind bisweilen 207 Hektar Blütenmeer, weitläufige Waldwiesen, gegenüber dem *Haus der Kulturen der Welt* ein großer und schöner Spielplatz, im Süden der Neue See mit anliegendem Café und Ruderbootverleih.

Zugang z. B. über die Straße des 17. Juni |
S-Bahnhof Tiergarten

Gaslaternen-Freilichtmuseum
Museumsbesuch fast unbemerkt: Die **Allee der Kandelaber**, mit 90 leuchtenden Zeitzeugen aus dem In- und Ausland, erstreckt sich vom S-Bahnhof Tiergarten bis zur Schleusenbrücke.

Der Park am Gleisdreieck bietet urbanen Flair und viele Sport- und Spielmöglichkeiten

Park am Gleisdreieck (Kreuzberg, Schöneberg) 18

Im Herzen Berlins ist jüngst eine weitläufige neue Parkanlage entstanden, die Sportler- und Kinderherzen höher schlagen lässt. Teils in Kreuzberg, teils in Schöneberg gelegen, schmiegen sich über 30 Hektar Park rund um den Knotenpunkt der U- und S-Bahntrassen. U1 und U2 donnern regelmäßig über die behelmten Köpfe der Skater und Inline-Artisten hinweg, die die Wege und Sprunganlagen nutzen. Am nahegelegenen Wasserspielplatz fasziniert das Spiel mit Röhren und Flaschenzügen. Der Schöneberger Parkteil, genannt „Flaschenhalspark", ist naturbelassener und mit lässig verstreuten Bahnschwellen oder Prellböcken geschmückt.

Tipp:
Das **Parkgelände am Gleisdreieck** geht in die Außenanlagen des **Deutschen Technikmuseums Berlin** über (▸ Seite 79).

U-Bahnhof Gleisdreieck (U1, U2) oder
über die Yorckstraße (S-/U-Bahnhof Yorckstraße)

Tempelhofer Feld 19

Der Flughafen ist schon lange geschlossen, hier fliegen nur noch Drachen: Das Flugfeld ist nun ein riesiger Park von rund 350 Hektar und frei für alle. Ein weiter, offener Platz zum Durchatmen, Spazierengehen, Rad- und Rollschuhfahren, Spielen, Picknicken, Grillen. Der Berliner Senat hatte eigentlich Bebauungspläne für das Gelände, unterlag jedoch in einem Volksentscheid. Die langfristige Bespielung wird noch diskutiert, derweil haben sich einige „Pionierangebote" im Park angesiedelt, an denen auch Kinder Spaß haben. Zum Beispiel gibt es ein großes Urban-Gardening-Projekt, einen ungewöhnlichen Minigolfplatz, eine Einrad-Schule und eine Anlage für Skater und BMX-Biker – gebaut aus Granitplatten des Palasts der Republik (▶ Seite 51). Bei Einbruch der Dunkelheit wird der Park geschlossen.

Achtung:
Was es auf dem **Tempelhofer Feld** kaum gibt, sind Bäume, also Schatten. Für ein Picknick bei Sommerhitze sei ein **Sonnenschirm** empfohlen.

Haupteingang am Tempelhofer Damm | www.thf-berlin.de | S-/U-Bahnhof Tempelhof

Treptower Park & Insel der Jugend (Treptow) 20

Der große Volkspark an der Spree beginnt gleich hinter dem S-Bahn-Ring. Hier liegt der Treptower Hafen, dahinter weitläufige Wiesen, ein Rosengarten, ein Karpfenteich. Gut 88 Hektar sind es insgesamt bis hin zum Sowjetischen Ehrenmal im Süden und der Insel der Jugend im Osten. Viel Platz für Picknick und Ballspiel mit herrlichem Wasserblick und in Richtung Puschkinallee liegt ein kleiner Spielplatz. Am östlichen Ende des Parks spannt sich die elegante Abteibrücke zur *Insel der Jugend*, eigentlich der älteren, an Parties und Konzerten interessierten Jugend. Hier werden Tretboote verliehen (▶ Seite 115). Dahinter beginnt der Plänterwald mit idyllischen Spazierwegen und der versteckt gelegenen Plansche (▶ Seite 21).

Zugang z. B. über Puschkinallee | S-Bahnhof Treptower Park oder S-Bahnhof Plänterwald

Bürgerpark Pankow

Ein schöner Park mit altem Baumbestand, voller Blumen und Vögel, am Flüsschen Panke gelegen, in dem man eine Weile picknicken oder Tiere angucken möchte. Er ist aber auch Station auf ausgedehnteren Spaziergängen entlang der Panke oder in Richtung Schönholzer Heide. Der ehemalige Besitzer, ein Herr von Killisch, ist für das neobarocke Schmucktor am Eingang verantwortlich, dahinter warten neben Liegewiesen ein Rosengarten, ein Ziegengehege, eine Voliere mit Pfauen und Fasanen und ein großer Spielplatz (▶ Seite 14). Mitten im Park gibt es ein Parkcafé, unter dessen Sonnenschirmen man mit Kuchen und Eis verwöhnt wird.

Wilhelm-Kuhr-Straße 9 | Tram M1 bis Bürgerpark Pankow

Botanischer Volkspark (Pankow)

Im Norden Pankows befindet sich der kleinere, unbekanntere botanische Garten Berlins. Zwischen Rosenthal und Blankenfelde gelegen, ist er bereits Teil des länderübergreifenden Naturparks Barnim. Aufgrund seiner zahlreichen Sehenswürdigkeiten ist er denkmalgeschützt. Auch hier gibt es Schaugewächshäuser mit subtropischen Pflanzen und ein Arboretum. Eine geologische Wand zeigt 123 heimische Gesteinsarten und in einem Wildtiergehege lässt sich eine Damwildherde beobachten. Besonders schön die Einkehrmöglichkeit: Das *Café mint** serviert Kaffee und Kuchen direkt im Gewächshaus.

Tipp:
Im Botanischen Volkspark sind **GPS-Touren** angelegt. Infos unter: www.wirsinddraussen.jimdo.com

Blankenfelder Chaussee 5 | www.gruen-berlin.de |
Erw. (ab 14 Jahre) 1 € Eintritt | Park: tgl. von Sonnenaufgang bis
Sonnenuntergang geöffnet, Schaugewächshäuser: Mo–Fr 10–14 Uhr,
Café mint*: Fr–So 11–17 Uhr | S-/U-Bahnhof Pankow und dann Bus 107
bis Botanischer Volkspark

Gärten der Welt (Marzahn)

1987 wurde Berlin 750 Jahre alt und so bekamen die Einwohner, in jenem Fall Ostberlins, ein 21 Hektar großes Geschenk: Aus der *Berliner Gartenschau* erwuchs ein exotischer Landschaftspark mit mittlerweile neun internationalen Themengärten. Auf einem Spazierweg von knapp 1,5 Kilometern kann man die botanischen Verkörperungen verschiedenster Weltreligionen und Philosophien kennenlernen, das ist bunt und zauberhaft und sorgt für große Kinderaugen. Spiel- und Liegewiesen sowie mehrere schöne Spielplätze erlauben auch das Herumtoben. Außerdem gilt es, einen Irrgarten zu bezwingen.

Zugang über Eisenacher Straße 99 | Tel. (0 30) 7 00 90 66 99 | www.gaerten-der-welt.de |
tgl. ab 9 Uhr | Apr.–Okt. Kinder 1,50 €, Erw. 5 €, Nov–März Kinder 1 €, Erw. 2 € |
S-Bahnhof Marzahn (S7), dann Bus 195 bis Erholungspark Marzahn

Britzer Garten (Neukölln)

Vor rund dreißig Jahren war hier Bundesgartenschau, geblieben ist ein hügeliges Blumenmeer mit Seenlandschaft. Dazwischen die futuristische Architektur der Park-Bauwerke. Wo sich Eltern und Großeltern an der Gartenkunst erfreuen mögen, interessiert sich der jüngere Teil der Familie unter Garantie wesentlich mehr für die tollen Spielmöglichkeiten und die Muse-

Der Britzer Garten lockt mit einer Seenlandschaft und vielen Spielmöglichkeiten

umsbahn im Park. Ein Wasserspielplatz für die warmen Tage, eine fantasievolle Spiellandschaft mit esoterischem Anspruch und ein Dorf aus Lehm, an dem stetig weitergebaut werden darf, sorgen für Beschäftigung. Und Tiere gibt es auch: Ziegen und Esel. Aber: keine Hunde, keine Fahrräder!

Sangerhauser Weg 1 | Tel. (0 30) 7 00 90 60 | www.britzergarten.de | tgl. ab 9 Uhr bis zum Einbruch der Dunkelheit | Zugang z. B. über Buckower Damm (Bus M44)

Natur-Park Schöneberger Südgelände 21

Hier hat sich die Natur ein Stück industrialisiertes Gelände zurückerobert: Seit den 80er Jahren ist der Natur-Park ein Naturschutzgebiet, in dem Brutvögel, Bienen- und Spinnenarten sowie seltene Pflanzen und Pilze zu Hause sind. Ein faszinierender Urwald auf dem Gebiet des ehemaligen Rangierbahnhofs Tempelhof, der auf Wegen und Stegen entlang alter Bahngleise erkundet werden kann. Eine Drehscheibe, ein Wasserturm, eine alte Lok – es ist eine verwunschene Welt. In der alten Brückenmeisterei wartet ein Café zur Stärkung.

Prellerweg 47-49 | Zugang z. B. über Priesterweg | Tel. (0 30) 70 09 06-24 | www.suedgelaende.de | tgl. ab 9 Uhr bis Einbruch der Dunkelheit | Erw. (ab 14 Jahre) 1 € | S-Bahnhof Priesterweg (S2, S25)

Tipp:
Die Damen von **Fräulein Brehms Tierleben** klären vor Ort spielerisch über die Tierwelt des **Südgeländes** auf. (Sa/So 15–17 Uhr, ab 8 Jahren, www.brehms-tierleben.com)

Planschen, Strandbäder & Badeseen

„Pack die Badehose ein, nimm dein kleines Schwesterlein, und dann nüscht wie raus zum Wannsee..." – das besungene „Radeln durch den Grunewald" kann auch durch andere, kürzere Wege ersetzt werden, denn im Stadtgebiet gibt es mehrere Seen, die dank inzwischen meist privatisiertem Strandbad ungekachelten Badespaß mit Bademeister-Aufsicht möglich machen. Und für die kleinen Nichtschwimmer gibt es einfach Planschen, wo das knietiefe Wasser schon genügend erfrischt und beschäftigt.

● **Planschen & Kinderbäder**

Plansche im Weinbergspark (Mitte) `22`

Ein Becken füllt sich etwa knietief, solange das Wasser aus den geometrischen Körpern nebenan sprudelt. Der Boden ist etwas rutschig, Badeschuhe sind unbedingt angesagt, sonst ist der Wasserspaß getrübt. Auch sollte man nicht überempfindlich sein, wenn ein ebenfalls im Park spazierender Hund auch begeistert ins Wasser springt. Dafür eine sehr zentral gelegene Plansche mit zahlreichen gastronomischen Versorgungsmöglichkeiten durch die umliegenden Cafés. Etwas oberhalb liegt noch ein großer Spielplatz (▶ Seite 10). Etwa um 18 Uhr wird das Wasser ausgestellt.

Am Weinbergsweg | im Sommer tgl. bis ca. 18 Uhr | U-Bahnhof Rosenthaler Platz (U8)

Wasser marsch: Die Plansche im Plänterwald ist bei Kleinkindern sehr beliebt

Wasserspielplatz im Volkspark Friedrichshain 23

Unter den Spielmöglichkeiten, die im Volkspark Friedrichshain verteilt sind und insgesamt 15 000 Quadratmeter einnehmen, befindet sich auch ein Wasserspielplatz. Gleich beim Märchenbrunnen weist ein Leuchtturm – mal andersrum – auf das Vorhandensein des nassen Elements hin. Dort ermöglicht eine Wasserspielanlage mit Pumpe und Rinnen feuchtfröhliche Matschspiele. Und gleich gegenüber gibt es ein Planschbecken mit wasserspeienden Elefanten und Seelöwen.

Volkspark Friedenstraße/Ecke Weinstraße | geöffnet ab Temperaturen von 23 °C | Tram M4 bis Am Friedrichshain

Plansche im Plänterwald (Treptow) 24

Die Plansche mitten im Wald besticht durch rostigen Charme. Für Abkühlung sorgen hohe Wasserfontänen, die aus einer Stangenkonstruktion hervorschießen. Rundherum ein schmaler Grünstreifen zum Lagern und diverse Spielgeräte. Ein außergewöhnlicher Ort jenseits des städtischen Trubels.

Dammweg 6 | im Sommer tgl. 9–18 Uhr | S-Bahnhof Plänterwald

Kinderbad im Monbijoupark (Mitte) 25

Der Monbijoupark besteht aus spärlichen Wiesen, deren größter Reiz darin besteht, dass man von hier aus auf die Alte Nationalgalerie und den Dom hinüberblickt. Und es gibt hier ein kleines Freibad extra für Kinder mit einem Becken mit etwa brusthohem Wasser. Ein Planschbecken mit nur 35 Zentimeter Wassertiefe für die Allerjüngsten und ein Spielplatz machen die Sache rund.

Oranienburger Straße 78 | Tel. (0 30) 2 82 86 52 | www.berlinerbaeder.de | tgl. 10–18 Uhr | Kinder (ab 5 Jahre) 3,50 €, Erw. 5,50 €, Familienkarte 11,50 € | S-Bahnhof Hackescher Markt

Kinderbad Platsch (Marzahn)

Ein Kinderbecken mit Wassergrotte und Wasserfall – mehr braucht es am Anfang ja auch gar nicht. Geruhsames Planschen mit den Kleinen im Park.

Max-Herrmann-Straße 7 | Tel. (0 30) 79 30 99 71 | www.berlinerbaeder.de | Kinder (ab 5 Jahre) 3,50 €, Erw. 5,50 €, Familienkarte 11,50 € | Tram (16, M8) bis Bürgerpark Marzahn

● Strandbäder & Badeseen

Strandbad Wannsee (Zehlendorf)

Der Klassiker: Der Sand für den über einen Kilometer langen Sandstrand wurde von der Ostsee herangekarrt, 50 Meter breit liegt er nun am Wannsee-Ufer, um mit Schäufelchen und Eimerchen im Familienbad bearbeitet zu werden. Das Wasser ist lange seicht, das ist schön für die Kleinen. Die großen begeistern sich für Rutschen und den Sprungturm, die Erwachsenen können derweil vom Strandkorb aus den Ausblick auf See und Segelboote genießen. Am Wochenende sollte man dafür allerdings rechtzeitig da sein: Dann drängeln sich bis zu 30 000 Badefreunde in diesem beliebten Traditions-Strandbad.

Wannseebadweg 25 | Tel. (0 30) 8 03 54 50 | www.berlinerbaederbetriebe.de |
Apr.–Juli tgl. 9–20 Uhr, Fr/Sa bis 21 Uhr, Aug./Sep. tgl. 10–19 Uhr | Kinder 3,50 €,
Erw. 5,50 €, Familienkarte 11,50 € | S-Bahnhof Nikolassee (S1, S7)

Strandbad Müggelsee & Seebad Friedrichshagen (Köpenick)

Das Pendant im Osten: Auch am Müggelsee gibt's eine kleine Riviera – doch während das Bad am Wannsee zum 100. Geburtstag saniert wurde, steht die Schönheitskur für den Ost-Strand noch aus. Derweil kann der 500 Meter breite Sand- und Naturstrand hinter dem 20er-Jahre-Terrassengebäude umsonst besucht werden, einen Imbiss gibt es auch, aber auf geregelten Badebetrieb mit Bademeistern und Putzkolonne kann man dabei nicht hoffen. Trotzdem: Ausblick auf den herrlichen Müggelsee, einen langen, seichten Einstieg und eine Straßenbahnhaltestelle direkt vor der Tür sprechen für das Bad. Wer's lieber gepflegt und kontrolliert mag, findet wenige hundert Meter entfernt das Seebad Friedrichshagen mit Strandkörben, Stegen und Sprungturm.

Strandbad Müggelsee | Fürstenwalder Damm 838 | Tram 61 bis Strandbad Müggelsee
Seebad Friedrichshagen | Müggelseedamm 216 | www.seebad-friedrichshagen.de |
Mai–Aug. 10–19 Uhr | Kinder bis 3 Jahre 1,50 €, danach 2,80 €, Erw. 5 €, Familienkarte 12 € |
S-Bahnhof Friedrichshagen (S3) oder Tram 60 bis Josef-Nawrocki-Str.

Strandbad Grünau (Köpenick)

Das älteste Berliner Familienbad liegt am Ufer der Dahme. Sanft abfallende Liegewiesen und viel Sandstrand bescheren einen schönen Ausblick auf das gegenüberliegende Wendenschloss und die historische Ruder-Regatta-Anlage. Eine Attraktion ist auch die Anreise: Die Schmöckwitz-

Grünauer Uferbahn mit der Nummer 68 ist eine der ältesten Linien Berlins und fährt am Langen See entlang bis zur Wendeschleife Alt-Schmöckwitz.

Sportpromenade 9 | Tel. (0 30) 25 09 06 83 | im Sommer tgl. 10–18 Uhr |
Kinder 5 €, Erw. 8 € | S-Bahnhof Grünau (S8, S46), dann Tram 68 bis Strandbad Grünau

Strandbad Jungfernheide (Charlottenburg) 

Ein kleines Strandbad mit gepflegtem Sand, einem Imbiss, einer Reihe von Turngeräten, Beachvolleyballfeldern und Slacklines zum Austoben. Dazu Waldblick und Schwimminsel. Wie voll es schon ist, kann man sich auf der Webseite als Livebild ansehen. Lärmempfindlich sollte man allerdings nicht sein, denn der See liegt in direkter Nachbarschaft zum Flughafen Tegel. Dafür warten im Park noch ein schöner Waldspielplatz (Ecke Halemweg) und ein toller Hochseilgarten (▶ Seite 56).

Jungferheideweg 60 | Tel. (0 30) 70 71 24 12 | www.badeninberlin.de | Kinder (2–16 Jahre)
3 €, Erw. 6 € | Mai–Sep. 10–19 Uhr, Juni–Aug. 10–20 Uhr | U-Bahnhof Siemensdamm (U7)

Flussbad Gartenstraße (Köpenick)

Ein kleiner Strand, eine kleine Steganlage an der Dahme. Dafür baden und toben mit idyllischem Ausblick. Das Flußbad liegt am Ufer des Köpenicker Fischerkiezes, wo die uralten Fischerhäuser stehen. Gegenüber thront das schöne Köpenicker Schloss.

Gartenstraße 46–48 | Tel. (0 30) 65 88 00 94 | Mai–Sep. Mo–Fr 13–21, Sa 13–18,
So 11–18 Uhr, Okt.–Apr. Mo–Fr 14–20 Uhr | Kinder bis 5 Jahre frei, Erw. 3 € |
S-Bahnhof Köpenick (S3), dann Tram bis Schloßplatz Köpenick

Sommerlicher Badespaß mit historischem Charme: Seebad Friedrichshagen.

Strandbad Lübars (Reinickendorf)

Ein kleiner See im Norden: Der Ziegeleisee in Lübars ist ein ehemaliger Lehm-Stich. Von der Ziegelei, in der die Ziegel gebrannt wurden, ist nichts mehr zu sehen, aber die Steine kennt man: Aus ihnen wurde zum Beispiel das Rote Rathaus erbaut. Zu erreichen ist der See über das hübsche Strandbad mit aufgeschüttetem Sand, großer Liegewiese mit schattenspendenden Bäumen, einer Steganlage und Sprungturm sowie solider Gastronomie.

Am Freibad 9 | Tel. (0 30) 4 02 60 50 | www.strandbad-luebars.de | Apr.–Sep. 8–19 Uhr, in den Sommerferien bis 20 Uhr | Kinder 3 €, Erw. 5 €, Familienkarte 9 € | S-Bahnhof Waidmannslust (S1, S85), dann Bus 222 bis Am Vierrutenberg

Strandbad Plötzensee (Wedding) **27**

Ein Badestrand, und das, zumindest dem Namen des Bezirks nach, in der Berliner Mitte! Liebstes Bad der Weddinger Kinder. Lange Badestege, Strandkörbe, weitläufige Liege- und Spielwiesen, Spielgeräte, ein Abenteuerspielplatz und jede Menge Sportgerät – da ist dem Bewegungsdrang auf jeden Fall Genüge getan. *Plötze* ist übrigens der Name eines einheimischen Fisches, des Rotauges. Die Wasserqualität des Sees ist sehr gut, dementsprechend wohlauf ist auch der artenreiche Fischbestand.

Nordufer 26 | Tel. (0 39) 89 64 47 87 | www.strandbad-ploetzensee.de | Mai–Sep. 9–19 Uhr, bei gutem Wetter länger | Kinder 3 €, Erw. 5 €, Familienkarte 11 € | Tram (50, M13) bis Virchow-Klinikum

Straussee/Freibad Strausberg (Strausberg, östlich von Berlin)

Der Straussee ist ein klarer, schöner See mit diversen natürlichen Badestellen. Und, für Freunde der geregelten Infrastruktur, mit einem hübschen Freibad mit historischem Badegebäude von 1925. Eltern registrieren hier beruhigt den mit Stegen umgebenen, flachen Nichtschwimmerbereich und die Wasserwacht. Den Kindern ist das weitgehend egal, denn sie entdecken schon von Weitem das Gerüst des fünf Meter hohen Sprungturms und die dazugehörige Rutschbahn.

Fichteplatz 1 | 15344 Strausberg | www.strausberger-baeder.de | Mai 10–19 Uhr, Juni–Aug. 9–20 Uhr | Kinder 2 €, Erw. 3 € | S-Bahnhof Strausberg Stadt (S5)

Der Weiße See (Weißensee) **28**

Rund um den See, aus dem eine Fontäne sprudelt, gibt es viel Unterhaltung: Am Ostufer liegt das Strandbad Weißensee – eine große, sandige Ter-

Baden bis spät abends: Der Bademeister im Strandbad Weißensee bleibt bis 22 Uhr

rasse, von der breite Treppenstufen ins Wasser hineinführen. Ausgestattet mit Spielgeräten für den Nachwuchs und Barbetrieb für die Großen läuft hier der Betrieb bis in die Sommernacht hinein – der Bademeister bleibt bis 22 Uhr. Die Badetradition geht bis ins 19. Jahrhundert zurück. Eine Spazierrunde führt um den See, vorbei an mehreren schönen Spielplätzen, einem Tiergehege und, für die kleine Abkühlung, einer Plansche. Kaffee gibt's auch auf der Westseite des Sees, im *Café Milchhäuschen.*

Strandbad Weißensee | Berliner Allee 155 | Tel. (0 30) 9 25 32 41 | www.binbaden.com |
im Sommer tgl. 9–24 Uhr | Kinder 3 €, Erw. 5 €, Familienkarte 8 € |
Tram bis Berliner Allee/Indira-Gandhi-Str.

Wandlitzsee & Nachbarn (Wandlitz, nördlich von Berlin)

Der größte See im Naturpark Barnim ist klar und schön und verfügt genau wie die benachbarten Seen Liepnitzsee, Stolzenhagener See und Rahmer See über viele natürliche Badestellen. Ein Ausflug in diese Gegend ist also auf keinen Fall ein Fehler, sucht man Waldblick und Erfrischung. Bewirtschaftete Strandbäder mit Imbiss, Bademeister, Rutsche, Bootsverleih und Ost-Charme gibt es auch jeweils, das Bad in Wandlitz hat den unschätzbaren Vorteil, dass man es auch komfortabel mit der Bahn erreichen kann.

Strandbad Wandlitzsee | Prenzlauer Chaussee 154 | 16348 Wandlitz | Tel. (03 33 97) 6 48 88 |
www.wandlitz.de | Mai/Sep. 10–19 Uhr, Juni–Aug. 9–20 Uhr | Kinder immer 1 €, Erw. Mo–Fr
2 €, Sa/So 3 €, Familienkarte Mo–Fr 5,50 €, Sa/So 7,50 € | RE27 bis Wandlitzsee

Der große **Scharmützelsee** hat zahlreiche flache Badestellen, die prima für Kinder geeignet sind.

Der große Stechlinsee (nördlich von Berlin)

Der Stechlinsee ist mit der schönste See der ganzen Region. Das Wasser glasklar, die Ufer sandig und flach. Mit etwas größeren Kindern kann man mit der Bahn bis Fürstenberg fahren und ab dort in Richtung Neuglobsow radeln. Zur Belohnung wartet dort eine belebte Badestelle mit Spielplatz, Bootsverleih und Tauchbasis. Ein Stück weiter bewirtet eine einfache Gaststätte mit Fischbrötchen. Ruhige Badestellen gibt es überall am Rundweg um den See. Auch Röblinsee und Peetschsee, die man unterwegs passiert, sind sehr schöne Badeseen.

RE5 bis Fürstenberg/Havel (ca. 1 Stunde Fahrzeit) und dann ca. 40 Min. Radweg bis nach Neuglobsow am Stechlinsee

Scharmützelsee (östlich von Berlin)

Gelegen im Naturpark Märkische Schweiz etwa 30 Kilometer östlich von Berlin, erstreckt sich „das Märkische Meer" – wie Theodor Fontane den Scharmützelsee nannte – vom Kurort Bad Saarow aus etwa zehn Kilometer nach Süden. Drumherum ein breiter Waldgürtel, die Ufer bisweilen steil, aber es gibt flache Badestellen, die auch für Kinder geeignet sind. In Bad Saarow befindet sich das Seebad mit Restaurant und Wassersportzentrum sowie eine Badestelle im Cecilienpark, wo auch ein Spielplatz vorhanden ist.

SeeBadSaarow | Seestraße 36 | 15526 Bad Saarow | Tel. (03 36 31) 64 69 43 | www.seebad-bad-saarow.com | Apr.–Okt. tgl. geöffnet | RE1 bis Fürstenberg/Havel und dann RB35 bis Bad Saarow (ca. 1 Stunde 10 Min. Fahrzeit)

Tiere gucken

Tiere gucken. Das ist eine Unternehmung, für die man Kinder jeder Altersstufe immer wieder begeistern kann. Es ist ja auch jedes Mal anders: Jungtiere werden geboren und wachsen heran, manche Tiere schlafen, andere werden gerade gefüttert, zwischendurch tobt sich das Kind auf dem Spielplatz aus und beim Nachhausegehen hat es jedes Mal ein anderes Lieblingstier. Selber streicheln oder selber füttern sind besondere Highlights und immer irgendwo erlaubt. Berlin verfügt als Relikt der deutsch-deutschen Teilung gleich über zwei große Zoos.

Zoologischer Garten und Aquarium (Tiergarten) 29

Hier ist alles superlativ: Der artenreichste Zoo weltweit, der älteste Zoo Deutschlands, über 20 000 Tiere, über 1 600 Arten, das ganze zentral in der Stadt gelegen. (Nicht nur) bei schlechtem Wetter lockt überdies das auf dem Gelände gelegene Aquarium, ebenfalls 17 000 Fische, Amphibien, Reptilien und Insekten stark. Das Angebot zieht über 3 Millionen Besucher jährlich an. Im Aquarium dürfen die Kois gestreichelt werden, im Zoo gibt es einen Streichelzoo mit Futterautomat und Spielplätze. Über den ganzen Tag verteilt finden öffentliche Fütterungen statt, nachmittags samt Showeinlage bei den Seelöwen.

Tipp:
Auf der Webseite des Zoos gibt es **Themen-Ralleys** als Fragebögen zum Herunterladen und Ausdrucken. Gemeinsam oder im Wettbewerb lässt sich so der Zoo spielerisch und informativ erkunden.

Hardenbergplatz 8 | Tel. (0 30) 25 40 10 | www.zoo-berlin.de, www.aquarium-berlin.de | Zoo März–Okt. tgl. 9–18.30 Uhr, Nov.–Feb. tgl. 9–17 Uhr, Aquarium tgl. 10–18 Uhr | Kinder (ab 5 Jahren) 6,50 €/10 € (mit Aquarium), Erw. 13 €/20 € (mit Aquarium) | S-/U-Bahnhof Zoologischer Garten

Tierpark Berlin-Friedrichsfelde (Lichtenberg)

Das Pendant zum Zoologischen Garten im Berliner Osten besticht durch den weitläufigen Park. Mit 160 Hektar ist er der größte in Europa. Rund um das Schloss Friedrichsfelde herum (das samt historischer Inneneinrichtung auch besucht werden kann), sind knapp 10 000 Parkbewohner aus 900 Arten zu bestaunen. Besondere Highlights sind das Tropenhaus mit frei he-

Tipp:
Besonders günstig für Zoo oder **Tierpark** ist die Jahreskarte für die Eltern Neugeborener. Gegen Vorlage der Geburtsurkunde gibt es die **BabyCard** ab 20 €. Eine tolle Gelegenheit für Eltern und ältere Geschwister!

rumfliegenden Flughunde und das begehbare Kängurugehege. Täglich gibt es eine Eisbärensprechstunde, am Wochenende baden die Elefanten mit Vergnügen öffentlich und die Lamas führen ihre Pfleger auf den Parkwegen spazieren. Streichelzoo und – neben anderen – einen Wasserspielplatz gibt es auch. Im Tierpark verkehrt außerdem ein kostenloser Elektro-Zug: 20 Minuten dauert die Tour durchs Gelände.

Am Tierpark 125 | Tel. (0 30) 51 53 10 | www.tierpark-berlin.de | Apr.–Aug. tgl. 9–18.30 Uhr, März, Sep./Okt. 9–18 Uhr, Nov.–Feb. 9–17 Uhr | Kinder (ab 5 Jahren) 6 €, Erw. 12 € | U-Bahnhof Tierpark (U5)

Vorsicht im Streichelzoo – die kleinen Leckermäuler können recht aufdringlich werden.

SEA LIFE (Mitte) **30**

In den Berliner Becken des privaten Aquarien-Betreibers tummeln sich von der heimischen Forelle bis zum exotischen Rochen 5 000 Tiere, die Flossen oder Schuppen tragen. Der Artenschutz wird vorgestellt, zwischendurch dürfen die Kinder Seesterne streicheln, wieder heraus kommt nur, wer das Spiegelkabinett meistert – und ganz am Ende steht das Highlight des Hauses: Der AquaDom ist ein 25 Meter hohes Becken, durch das ein Aufzug fährt. Durch ein Korallenriff wie bei *Findet Nemo* geht es einmal nach oben und wieder nach unten. Und hinterher? In der Passage des DomAquarée gibt's auch Sushi ...

Spandauer Str. 3 | Tel. (0 18 06) 66 69 01 01 | www.visitsealife.com/berlin | tgl. 10–19 Uhr | Kinder 14,50 €, Erw. 17,95 € (Onlinetickets erm.) | S-Bahnhof Hackescher Markt

Vogelpark Teltow

Am südlichen Stadtrand lockt ein kleines, privates Gehege mit einer überschaubaren Tierauswahl und familiärer Atmosphäre. Auf 10 000 Quadratmetern leben etwa 300 Schweine, Gänse, Ziegen und Vögel – für das exotische Flair sorgen ein paar Alpakas und der Papageienbestand. Für kleinere Kinder ist das vollkommen ausreichend: Tiere dürfen gestreichelt und aus einer Futtertüte gefüttert werden. Ein Spielplatz und eine Gaststätte entspannen Groß und Klein, und einen kleinen Dreirad- und Kettcar-Fuhrpark gibt es auch.

Kastanienstraße 13–19 | 14513 Teltow | Tel. (01 71) 38 61 76 36 | www.vogelpark-streichelzoo-teltow.de | tgl. 9–19 Uhr | Kinder 1,50 €, Erw. 2,50 € | S-Bahnhof Teltow-Stadt (S25) und ca. 1 km Fußweg

Haus Natur und Umwelt (Köpenick)

Auch das *Haus Natur und Umwelt* ist bereits seit rund 60 Jahren eine Gelegenheit, Stadtkinder mit der heimischen Tier- und Pflanzenwelt bekannt zu machen. Eine kindgerechte, naturkundliche Ausstellung ist das eine, dazu sorgen rund 500 Tiere inklusive Streichelzoo für die praktische Erfahrung.

An der Wuhlheide 169 | Tel. (0 30) 5 35 19 86 | www.hnu-berlin.de | Apr.–Okt. Di–So 10–18 Uhr, Nov.–März Di–Fr 10–16, Sa/So 10–17 Uhr | Kinder 1 €, Erw. 1,50 € | S-Bahnhof Wuhlheide (S3)

Tipp:
Wohin mit dem Haustier, wenn die Familie in den Urlaub fährt? Im **Haus Natur und Umwelt** gibt es auch eine günstige **Tierpension.**

Die tollsten Kinderbauernhöfe

Damit die Kinder die Kuh nicht für einen Pandabären halten: Ab auf die Kinderbauernhöfe zum Mitmachen! Hier kann der städtische Nachwuchs nicht nur allerlei heimisches Landwirtschaftsgetier vom Kaninchen bis zum Esel bestaunen, sondern meist auch bei der Pflege mit anpacken.

Domäne Dahlem (Zehlendorf)

Ein Landgut mit historischen Gebäuden als Freilichtmuseum für traditionelle Landarbeit. Ackerbau und Landwirtschaft finden wirklich statt. Für Kinder ist es allein ein riesiger Spaß, all die Tiere zu sehen, außerdem gibt es ein Kinderprogramm zum Mitmachen.

Königin-Luise-Straße 49 | Tel. (0 30) 6 66 30 00 | www.domaene-dahlem. de | U-Bahnhof Dahlem-Dorf

Jugendfarm Moritzhof (Prenzlauer Berg) 31

Der Moritzhof, eine Einrichtung des Netzwerk Spiel/Kultur, liegt am nördlichen Ende des Mauerparks und bietet eine ganze Reihe Mitmachangebote für Kinder zwischen 6 und 16 Jahren: Gartenarbeit, filzen, töpfern, schmieden und natürlich die Pflege der Tiere.

Schwedter Str. 90 | Tel. (0 30) 44 02 42 20 | www.jugendfarm-moritzhof.de | S-/U-Bahnhof Schönhauser Allee

Kinderbauernhof auf dem Görlitzer (Kreuzberg) 32

Am Rande des Görlitzer Parks leben Esel, Schafe, Kaninchen, Hühner, Enten und Meerschweinchen und können von den „Stammkindern" mitgepflegt werden. Außerdem gibt es eine Reihe von Jugend-, Kreativ- und Gesprächsgruppen sowie das Angebot der Hausaufgabenhilfe.

Wiener Str. 59b | Tel. (0 30) 6 11 74 24 | www.kinderbauernhofberlin.de | U-Bahnhof Görlitzer Bahnhof

Kinderbauernhof Pinke-Panke (Pankow)

Fahrräder reparieren, Lagerfeuer machen, Mittagessen kochen, ein wechselndes Kreativangebot und natürlich Mitarbeit bei der Pflege der etwa 70 Tiere erwarten die Kinder in dieser Einrichtung.

Am Bürgerpark 15 | Tel. (0 30) 47 55 25 93 |
www.kinderbauernhof-pinke-panke.de |
S-Bahnhof Wollankstr.

Jugend- und Familienfarm Lübars (Reinickendorf)

Das alte Gehöft am Fuße des Freizeitparks Lübars ist das sehenswerte Zuhause von Pferden, Gänsen, Hühnern und Kaninchen und lädt die Kinder zu lehrreich-unterhaltsamen Aktionen wie buttern oder Wolle herstellen ein. Eltern freuen sich außerdem über das kleine Restaurant auf dem Hof.

Alte Fasanerie 10 | Tel. (0 30) 81 72 91 50 |
www.jugendfarm-und-familienfarm-
luebars.de | S-/U-Bahnhof Wittenau

Kinderbauernhof in der ufaFabrik (Tempelhof) **6+**

Viel zu tun: Auf dem 18,5 Hektar großen Gelände befinden sich zahlreiche Einrichtungen, ein Bio-Laden mit Bäckerei, eine freie Schule, ein Nachbarschaftszentrum, ein Café, mehrere Bühnen und eben auch der Kinderbauernhof. Nachmittags richten sich die Aktivitä-

ten an Kinder zwischen 6 und 14 Jahren, kleinere Kinder sind mittwochs ab 16 Uhr und am Wochenende willkommen.

Viktoriastr. 13 | Tel. (0 30) 7 51 72 44 |
www.kinderbauernhof.nusz.de |
U-Bahnhof Ullsteinstr.

Weddinger Kinderfarm (Wedding) **33** **6+**

Seit über 30 Jahren werden am Leopoldplatz Tiere gehegt und gepflegt. Derzeit ist der Betrieb der Weddinger Kinderfarm und ihres pädagogischen Programms ein Streitfall zwischen Bezirk und Träger, weitergehen soll es aber auf jeden Fall.

Luxemburger Str. 25 | Tel. (0 30) 4 62 10 92 |
U-Bahnhof Leopoldplatz

Ziegenhof Charlottenburg **34**

Der Hof am Klausnerplatz wird seit den 1980er Jahren von den Anwohnern in ehrenamtlicher Arbeit gehegt und gepflegt und weiter ausgebaut. Neben den Ziegen leben hier auch Hühner.

Danckelmannstr. 16 |
S-Bahnhof
Westend

Winter erleben

Ja, es kann sehr kalt werden in Berlin. Und es kann auch sehr lange sehr kalt werden. Stubenhocken gilt trotzdem nicht! Umso kürzer die Tage, desto wichtiger für Kleine und auch für Große, das wenige Licht auszunutzen und sich an der frischen Luft zu bewegen. Abwehrkräfte stärken natürlich, Spaß haben vor allem. Und spätestens ab Mitte November gibt's dann ja auch die zahlreichen Weihnachtsmärkte. Da leuchten bunte Lichter in kleinen Holzhäuschen und es duftet nach Glühwein und süßen Leckereien...

● **Eis, Eis, Baby!**

Flutlichtrodeln im Freizeitpark Lübars (Reinickendorf)

85 Meter ist der Hügel im Freizeitpark Lübars hoch und in alle Richtungen laden Wiesen zum Herunterrutschen ein. Vor allem schwingt sich aus dieser lichten Höhe – immerhin rund 300 Meter – eine richtige Piste den Berg hinab. Da lohnt es sich sogar, die Bretter unter die Füße zu schnallen. Und weil es sogar eine Flutlichtanlage gibt, ist das auch etwas für den späten Winternachmittag. Für Anfänger und Langsamfahrer empfiehlt sich der weniger steile (aber unbeleuchtete) Westhang. Am Fuß der „Lübarser Höhe" finden sich noch Abenteuerspielplatz und die Jugendfarm Lübars. Hier im Café bekommt man nach dem Wintersport auch das passende Heißgetränk.

Eingang von der Quickborner Straße (Ecke Fasanerie) |
Bus X21 bis Quickborner Str.

Teuflisch rodeln mit Stadtpanorama (Wilmersdorf)

Eine 548 Meter lange und teils ziemlich steile Piste direkt unterhalb der einstigen US-Abhörstation auf dem Teufelsberg im Grunewald. Die ist übrigens Schuld daran, dass man hier selbst bergsteigen muss, für zwei Minuten Abfahrt gute fünf Minuten steil den Berg wieder hinauf. Es gab nämlich einmal Flutlicht, Skilift, Schneekanone (und sogar offizielle Skirennen). Aber die Metallpfosten störten den Empfang beim Abhören, also wurde bereits Anfang der 70er Jahre al-

Tipp:
Eine Liste und auch eine **Karte** aller rodeltauglichen Abhänge gibt es beim Gartenamt Berlin: **http://tinyurl.com/berliner-rodelbahnen**

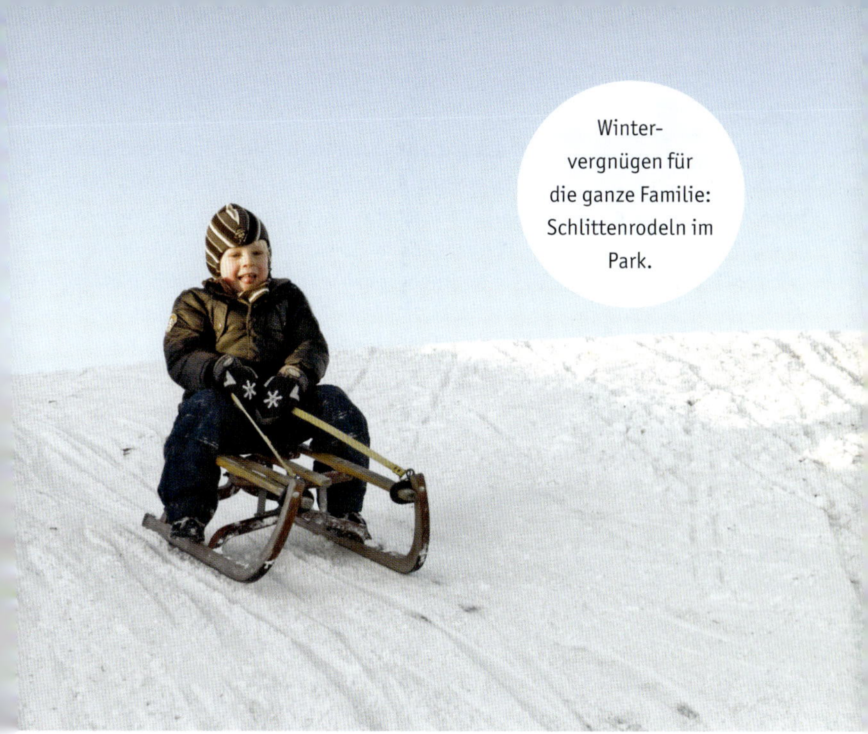

Wintervergnügen für die ganze Familie: Schlittenrodeln im Park.

les wieder abgebaut. Nichtsdestotrotz die beliebteste Abfahrt in Berlin, Schlittenfahrer, Snowboarder und Langläufer nehmen die Viertelstunde Fußweg vom S-Bahnhof Heerstraße gerne in Kauf.

Rodelbahn auf dem Teufelsberg | Teufelsseechaussee 10 | S-Bahnhof Heerstr. (S5)

Trümmerberg im Volkspark Friedrichshain 35

Zwei Trümmerberge erheben sich im Volkspark Friedrichshain, darunter sind zwei Flaktürme aus dem Zweiten Weltkrieg begraben. Mehrere Rodelbahnen erlauben hier Abfahrten in jeder Geschwindigkeitsklasse. Der große Bunkerberg, auch „Mont Klamott" genannt, ist 78 Meter hoch – von hier aus rodelt es sich ausgesprochen rasant. Am kleineren Bunkerberg, der immerhin noch 67 Meter misst, wurde die offizielle Rodelbahn angelegt, die auch mit Zäunen gegen Querverkehr geschützt ist. Und dann gibt es noch den Hang zwischen polnischem Soldatendenkmal und Spielplatz, der auch für die jüngeren Wintersportler geeignet ist.

Rodelbahn Volkspark Friedrichshain (Mont Klamott) | Volkspark Friedrichshain | Bus 200 bis Am Friedrichshain/Hufelandstr.

● Glattes Eis, ein Paradeis ...

... für den, der gut zu tanzen weiß. Die Stadt Berlin gibt generell keines ihrer Gewässer zum Eislaufen frei, die Einbruchsgefahr ist einfach zu hoch. Kleinere Eisbahnen am Potsdamer Platz, rund um den Neptunbrunnen vorm Roten Rathaus und auf dem Zehlendorfer Weihnachtsmarkt trösten kurz darüber hinweg. Ein besonderes Highlight ist die Eisbahn auf dem Dach des *Bikinihaus Berlin* mit Blick auf den Zoo. Wer größere Runden drehen will, besucht eine der Eisbahnen oder eine der Berliner Eissporthallen und -stadien. Hier finden Freizeitläufer, Vereins-Eissportler und auch Profi-Eisschnellläufer und -Eishockeyspieler sommers wie winters ein festes Zuhause.

Tipp:
Eine Liste aller Berliner **Eissporthallen** gibt's hier: http://tinyurl.com/berliner-eisbahnen. Und der **Berliner Eissport-Verband** informiert über sämtliche sportlichen Angebote in Sachen Eishockey, -kunstlauf, -schnelllauf, -stockschießen und Curling: www.eissport-berlin.de

Eisbahn am Restaurant Rübezahl (Köpenick)

Eislaufen, wenn schon nicht auf dem See, dann wenigstens am See! Direkt am Ufer des Müggelsees steht von November bis März eine überdachte Eislaufbahn mit 300 Quadratmetern. Sie gehört zum Restaurant *Rübezahl*, das mit traditioneller Berliner Küche für die stilechte Stärkung nach dem Eisvergnügen sorgt. Alle Eltern, die die Ausdauer ihrer Kinder nicht teilen, können hier bei Kaffee oder Tee den schlitternden Nachwuchs im Auge behalten. Gerne werden auch Kindergeburtstage ausgerichtet oder Eisstockschießen ausgetragen.

Müggelheimer Damm 143 | Tel. (0 30) 6 56 61 68 80 | www.ruebezahl-berlin.de | Nov.–März | Bus X69 bis Rübezahl

Eisbahn Lankwitz (Steglitz)

Die Eisbahn Lankwitz hat sich die Familienfreundlichkeit groß auf die Fahnen geschrieben. Auf der Fläche eines Sportplatzes wird Anfängern Unterricht erteilt; auf extra Bahnen kann man Eisstockschießen spielen. Mittwochsnachmittags wird eine flotte Kufe aufs Eis gelegt, von 13 bis

Tipp:
Die ungewöhnliche Eislaufschule (www.eislaufschule.de), von einem ehemaligen Eistänzer betrieben, unterrichtet unter anderem auf der Eisbahn Lankwitz.

14.30 Uhr findet nämlich die Kinderdisco statt. Am Eisbahnrand wartet auch die Gastronomie mit Stärkung auf – von der Terrasse und durch die Glasscheiben des Eiscasinos kann man auch hier entspannt den Kids zugucken. Wegen der Vereine, die auch auf der Eisbahn trainieren, lohnt sich der Blick auf den wöchentlich aktualisierten Belegungsplan der Bahn.

Leonorenstraße 37 | Tel. (0 30) 77 32 89 05 | www.eisbahn-lankwitz.de | Nov.–März |
Kinder 3,50 €, Jugendliche (13–17 Jahre) 4 €, Erw. 4,50 € | S-Bahnhof Lankwitz (S25)

● Heiß, heiß, Baby!

Berliner Weihnachtszeit am Roten Rathaus (Mitte) 36

Weithin leuchtend dreht sich das Riesenrad, zu seinen Füßen überrascht eine Zeitreise. In engen Gassen, deren Fassaden dem historischen Alt-Berlin nachempfunden sind, wie es bis ins 19. Jahrhundert eben hier stand, tummelt sich der Handel mit Kunsthandwerk und Weihnachtsleckereien. Rund um den Neptunbrunnen ist eine Eisbahn aufgebaut, die Kinder dürfen auf Ponys reiten, Esel und Schafe streicheln und auch der Weihnachtsmann samt Engel ist regelmäßig zugegen. Mehr Action? Einmal über den Alex bitte, zur Winterzauber-Kirmes in Richtung Jannowitzbrücke. Mehr Besinnlichkeit? Andere Richtung, an der Schlossbaustelle vorbei, zum Markt am Opernpalais.

Am Roten Rathaus | letzte Novemberwoche bis 2. Weihnachts-
feiertag, tgl. bis 22 Uhr, Heiligabend geschlossen |
S-/U-Bahnhof Alexanderplatz

> **Tipp:**
> Einen Überblick über die zahlreichen **Weihnachtsmärkte** in Berlin gibt's unter **www.weihnachtsmarkt-berlin.net** und **www.weihnachteninberlin.de**.

Lucia-Weihnachtsmarkt in der Kulturbrauerei 37

Der Weihnachtsmarkt in der Hofanlage der historischen Brauerei im Prenzlauer Berg ist überschaubar, aber gemütlich: Ein paar Stände verkaufen Kunsthandwerk, die meisten Anwohner und Besucher kommen abends gerne zum Essen her. Das kulinarische Angebot hat skandinavischen Einschlag. Die Kinder wählen zwischen einem klassischen und einem Kettenkarussell und einigen weiteren Spielmöglichkeiten und durchs Gedränge schiebt sich geduldig ein Weihnachtsmann mit einem unerschöpflichen Vorrat an Gummibärchen im Jutesack.

Schönhauser Allee 36–39 | www.lucia-weihnachtsmarkt.de | letzte Novemberwoche bis
22. Dezember, tgl. bis 22 Uhr | U-Bahnhof Eberswalder Str. (U2)

Wunderschön bunt und beleuchtet: der Lucia-Weihnachtsmarkt in der Kulturbrauerei

Alt-Rixdorfer Weihnachtsmarkt (Neukölln) 38

Das böhmische Dorf rund um den Richardplatz in Neukölln bietet auch
sonst schon ein außergewöhnlich historisches und ländliches Ambiente
– am zweiten Adventswochenende aber veranstalten hier die ansässigen
Vereine einen einzigartig stimmungsvollen und schönen Weihnachtsmarkt. An den Ständen können allerlei selbstgefertigte Geschenke zu-
gunsten des guten Zwecks erworben werden. Im Herzen des Marktes steht
die historische Schmiede, in der die Schmiedin ihr Handwerk demonstriert.
Die drei Weisen aus dem Morgenland sind samt Kamelen anwesend, für die
Kinder gibt es Ponyreiten und andere Spielmöglichkeiten.

Richardplatz | 2. Adventswochenende, Fr ab 17, Sa 14–21, So 14–20 Uhr |
U-Bahnhof Karl-Marx-Str. (U7)

Markt der Kontinente (Zehlendorf)

Weihnachten mag der erfolgreichste europäischen Exportschlager sein – in den Museen in Dahlem nimmt man umgekehrt das Fest zum Anlass, mit allen Sinnen auf Weltreise zu gehen. An jedem der Adventswochenenden steht einer der vier anderen Kontinente im Zentrum. Und während die Erwachsenen das Kunsthandwerk aus aller Welt auf seine Weihnachtsgeschenktauglichkeit begutachten, können Kinder in Führungen und Workshops den unbekannten Kulturen auf den Grund gehen und dabei selbst basteln, bauen oder backen. Es ist nicht mal kalt im Museum, es werden eine Reihe von Konzerten gespielt, Filme gezeigt und internationale Märchen erzählt. Am ersten Adventssonnabend findet außerdem das Kinderfest der Kontinente statt.

Ethnologisches Museum, Museum Europäischer Kulturen, Museum für Asiatische Kunst |
Lansstraße 8 bzw. Arnimallee 25 | www.marktderkontinente.de |
U-Bahnhof Dahlem-Dorf (U3)

Tipp:
Noch nicht genug? Gleich um die Ecke auf dem **Gutshof Domäne Dahlem** findet an den Adventswochenenden von 11 bis 19 Uhr ebenfalls ein Handwerker-Weihnachtsmarkt statt.
www.domaene-dahlem.de

Nordische Märchenweihnacht auf dem Gutshof Schloss Britz (Neukölln)

Wo der *Cocolorus Budenzauber* anreist, haben neuzeitlicher Lärm und Bling-Bling nichts verloren. Im stilechten Ambiente des Gutshofes auf Schloss Britz erwacht am 3. und 4. Adventswochenende die winterliche Märchenwelt zum Leben und verzaubert Groß und Klein. Bühne frei für Frau Holle und die Schneekönigin. Neben Märchentheater können Feuerakrobaten, Gaukler, Schlittenhunde, Wikinger, Zwerge und originelle Fahrgeschäfte erwartet werden. Und natürlich leckere kulinarische Spezialitäten.

Alt-Britz 73 | www.schlossbritz.de, www.cocolorus-
diaboli.de | Am 3. und 4. Adventswochenende
Fr 14–21, Sa/So 11–21 Uhr |
Kinder bis 6 Jahre frei, erm. 2 €, Erw. 3 € |
S-/U-Bahnhof Hermannstr., dann Bus M44 bis
Fulhamer Allee

Tipp:
Weihnachtsmann vom Studentenwerk: In Berlin hat der Weihnachtsmann so viel zu tun, dass er sogar eine eigene Hotline hat. Beim Studentenwerk kann man einen seiner 500 Stellvertreter für den Hausbesuch an den Festtagen buchen.
www.studentenwerk-berlin.de

Action mit Kindern

Wald-
hochseilgarten
Jungfernheide
▶ Seite 56

In luftiger
Höhe wird geklet-
tert, balanciert und ge-
rutscht – aber immer
gut gesichert!

Kinder bringen Bewegung ins Leben, und sie brauchen Bewegung. Klettern, hüpfen und rennen unterstützen nicht nur Knochenaufbau und schulen die Motorik, sondern entfesseln auch die kindliche Kreativität und kognitive Entwicklung. Für Vorschulkinder ist Vielseitigkeit wichtig, ab etwa acht Jahren ist auch das konzentrierte Erlernen einer bestimmten Sportart sinnvoll. Und jenseits dieses Hintergrunds: Dinge erleben macht Spaß, und zwar der ganzen Familie.

Spiel- & Krabbelgruppen

Immer nur alleine spielen ist doof. Schon die ganz Kleinen lieben sowohl die Bewegung als auch die Gesellschaft von Gleichkleinen. Und für die betreuenden Eltern ist es ebenfalls eine Wohltat, andere Menschen im gleichen Lebens- und Erziehungsabschnitt zu treffen und sich über das Interessanteste Thema der Welt auszutauschen, die Entwicklungsdetails der Sprösslinge nämlich.

Haus der Familie (Charlottenburg)

Das *Haus der Familie* unterstützt bereits seit 1991 junge Familien. Das Angebot an Krabbel- und Spielgruppen ist vielfältig und nach Alter und Entwicklung der Kinder gegliedert. Neben den Treffen für jeweils ein- oder zweijährige Kinder gibt es offene Spielangebote für Kinder bis zu 6 Jahren.

Eine gute Möglichkeit, Haus und Leute kennenzulernen, bieten das *Café Krümel* dienstags, mittwochs und donnerstags nachmittags sowie das offene Familienfrühstück am Mittwochvormittag.

Schillerstraße 26 | Tel. (0 30) 30 82 77 11 | www.hausderfamilie-charlottenburg.de | Mo 15–18.30, Di–Do 9–20, Fr 9–18.30 Uhr | U-Bahnhof Deutsche Oper (U2)

Im Zwergenland geht es um sinnliche Erfahrungen auf breiter Ebene

Zwergenland (Prenzlauer Berg) 40

Im *Zwergenland* gibt es ein breites Angebot für Kinder im ersten Jahr – neben dem fast schon klassischen *PEKiP* können sich schon die Babys ab vier Monaten an einer Musikstunde beteiligen. Beim *Zwergenspaß* geht es um sinnliche Eindrücke auf breiter Ebene, später im Kurs darf ausgiebig mit Brei gematscht werden.

Jablonskistraße 25 | Tel. (0 30) 44 01 00 70 | www.zwergenland-berlin.de |
Tram M2 und M10 bis Prenzlauer Allee/Danziger Str.

Spielraum nach Emmi Pikler (Schöneberg) 41

Die *Spielräume nach Emmi Pikler* unterstützen Eltern dabei, die Entwicklung ihrer Jüngsten ab dem vierten Monat zu fördern. In einer altersentsprechend vorbereiteten Umgebung können Kinder aus eigener Initiative Spielmaterialien erforschen und selbständig ihre Bewegungsfähigkeiten entwickeln. Eltern lernen, sich auch mal zurückzunehmen und die Kinder machen zu lassen.

Hohenstaufenstraße 35 | www.pikler.de | U-Bahnhof Viktoria-Luise-Platz (U4)

Strandgut (Schöneberg) 42

Die Pädagogin Ute Strub, die diesen kleinen Laden erfand und pflegt, arbeitet auch im Umfeld der Spielräume. Und so ist das *Strandgut* ein Ort, an dem Kinder entspannt die Umgebung und damit sich selbst entdecken können. Im Ladenlokal ist ein kindgerechter Tisch aufgestellt, dazu gibt es jede Menge andere Dinge zu entdecken. Nicht per se klassische Spielsachen, sondern Alltägliches, Küchenutensilien zum Beispiel. In einem zweiten Raum kann kind klettern und in Stroh herumspringen.

Crellestraße 19/20 | www.spielraum-strandgut.de | Mo/Mi/Fr/Sa 16–18 Uhr |
U-Bahnhof Kleistpark (U7)

FUN (Friedrichshain) 43

Aus den Begriffen „Familien" und „Nachbarschaft" wird hier ein großer Spaß: Das Familienzentrum FUN ist eine Einrichtung der Diakonie. Momentan ist das neue Gebäude noch im Bau und die Kurse finden an unterschiedlichen Orten statt, aber 2016 soll alles fertig sein. Auch hier gibt es einen *Pikler-Spielraum*, Eltern-Kind-Cafés und -Frühstück sowie Beratungsangebote.

Rudolfstraße 14a | Tel. (0 30) 2 91 05 73 | www.fun-friedrichhain.de |
S-/U-Bahnhof Warschauer Str.

Indoorspielplätze

Ja, es gibt kein schlechtes Wetter, sondern nur schlechte Kleidung, und frische Luft stärkt die Abwehrkräfte – eigentlich gibt es also keinen Grund, toben und klettern nach innen zu verlegen. Oder? Nein, bei Matsch und Kälte auf den Spielplatz muss nicht immer sein. Da locken auch die farbenfrohen Kletterburgen und Bällebäder, in deren Umfeld niemand frieren muss.

Winterspielplätze der Berliner Stadtmission 44

Wenn es draußen kalt wird, muss man trotzdem nicht zu Hause bleiben – zumindest, wenn man im Einzugsbereich eines der vier Winterspielplätze der Berliner Stadtmission wohnt. Im Wedding, in Kreuzberg, in Tegel und in Friedrichshain eröffnen die Gemeinden zwischen Oktober und April Spielräume, in denen getobt werden darf. Mit Spielecken, Kinderküchen, Kuschel- und Leseecken, je nach Ort und Saison.

Friedrichshain: Frankfurter Allee 96 | Tegel: Billerbecker Weg 112 |
Kreuzberg: Bernburger Straße 3–5 | Wedding: Stettiner Straße 45 | www.winterspielplatz.berlin

Das Spielzimmer (Prenzlauer Berg) 45

Die kleine Version des Indoorspielplatzes für zwischendurch: Der hintere Raum ist mit einer Indoor-Kletteranlage zugebaut. Da muss man nämlich klettern und hangeln und sich durch niedrige Gänge zwängen. Im vorderen Teil herrscht Cafébetrieb, im Sommer bis auf die Straße hinaus.

Schliemannstraße 37 | Tel. (0 30) 44 03 76 35 | www.spielzimmer.berlin | tgl. 10–19 Uhr |
Kinder ab 2 Jahren 1 € | U-Bahnhof Eberswalder Str. (U2)

Bim & Boom (Marzahn)

Auf 3 500 Quadratmetern erstreckt sich hier eine gigantische, quietschbunte Spielwelt aus Kletter- und Hüpfburgen, Riesenrutschen, mit Kinder-Fahrzeugen und einem separaten Kleinkindbereich. Es gibt auch eine Außenanlage, wenig malerisch hinter Drahtzaun mit Blick auf die Plattenbauten, aber mit gigantischen, aufblasbaren Hüpfgeräten.

Beilsteiner Straße 109 | Tel. (0 30) 78 08 59 39 | www.bim-boom.de |
Di–Fr 14–19, Sa/So 10–19 Uhr, Außenbereich nur Sa/So | Kinder (2–12 Jahre) Di–Fr 3,50 €,
Sa/So 4,50 €, Erw. Di–Fr 8 €, Sa/So 9 € | S-Bahnhof Springpfuhl (S7, S75)

Minigolf mal anders im Dockx: mit Spezialbrille leuchten die Bahnen im Schwarzlicht

Dockx (Tempelhof)

Minigolf spielen mit Brille auf, mal auf Papa zielen oder auch einfach klettern und toben: Am Hafen von Berlin-Tempelhof sind hier eine Reihe von Attraktionen versammelt: ein Indoorspielplatz mit Kletteranlage, Kartbahn und Kleinkindbereich, eine 3-D-Schwarzlicht-Minigolfanlage mit 18 Bahnen und ein Lasertag-Spielbereich mit labyrinthischem Parcours. Außerdem gibt es einen Dachgarten. Ganz billig ist der Spaß allerdings nicht.

Ordensmeisterstraße 1–3 | Tel. (0 30) 72 01 22 28 | www.dockx-berlin.de | Mo–Do 14–22, Fr 14–24, Sa 10–24, So 10–20 Uhr | Spielplatz Kinder 5,90 €, Lasertag ab 6,90 €, Minigolf ab 5,90 €, diverse Kombiangebote | U-Bahnhof Ullsteinstr. (U6)

Jolos Kinderwelt (Tempelhof) 46

Jede Menge Unterhaltung für das ausgelassene Kind. Das kann mit Riesenlegosteinen bauen, auf Hüpfburgen hüpfen, im Bällchenbad baden, klettern, rutschen, schaukeln – besondere Attraktionen sind auch das Kettenkarussell, ein wabbeliger Soft-Mountain zum Beklettern und eine kleine Kindereisenbahn, die den Fahrgast um einen Bauernhof herumkutscht. So viel los, da verzichtet die erwachsene Begleitung auch gerne auf Gemütlichkeit im Gastro-Bereich.

Am Tempelhofer Berg 7d | Tel. (0 30) 61 20 27-96 /-97 | www.jolo-berlin.de | Mo–Fr 14–19, Sa/So und in den Ferien 11–19 Uhr | Mo–Fr ab 5 €/2 Std., Sa/So ab 6 €/2 Std., Erw. ab 2,50 €, Kleinkinder max. 4 €/Tag | U-Bahnhof Platz der Luftbrücke (U6)

Tipp:
Informationen zu allen Bädern der Berliner Bäderbetriebe gibt es unter www.berliner-baeder.de.

Hallen- & Freibäder

Es ist ein Klassiker: Mit den Kindern ins Schwimmbad gehen. Viel Bewegung, viel Spaß, außerdem ist es ja auch nicht ganz unwichtig, dass der Nachwuchs schwimmen lernt, und, wenn er es kann, es auch regelmäßig übt. Wer sich sicher über Wasser hält, darf dann auch auf die großen Rutschen und Sprungtürme.

Hallenbäder

Wellenbad am Spreewaldplatz (Kreuzberg) 47

Der Einstieg ins Wellenbecken ist seicht wie ein Mittelmeer-Strand, wenn aber die Wellen anlaufen, sollte der Schwimmer schon einigermaßen sicher zu Wasser sein – dann ist es ein großer Spaß. Rutschen und Düsen und 30 Grad warmes Wasser, dazu aber auch ein Sportbecken und diverse Saunen für die Großen. Außerdem Ausblick auf den lebhaften Kreuzberger Kiez ringsumher.

Wiener Straße 59h | Tel. (0 30) 69 53 52 10 | www.berlinerbaeder.de |
Di–Fr 7–22, Sa/So 10–19 Uhr | Kinder 5,50 €, Erw. 7,50 € |
U-Bahnhof Görlitzer Bhf. (U1) oder Bus M29 bis Spreewaldplatz

Am Wochenende gibt's Spaßbaden im klassischen Ambiente im Stadtbad Neukölln

Stadtbad Schöneberg „Hans Rosenthal" 48

Hier im Schöneberger Hallenbad ist es kuschelig warm: Schon das Schwimmerbecken hat 30 Grad, das Solebecken gar 32. Es gibt Sprungbretter, aber auch Nichtschwimmerbecken und Kleinkindbereich, eine über 50 Meter lange Rutsche, ein Außenbecken und einen Strömungskanal.

Hauptstraße 39 | Tel. (0 30) 7 80 99 33 |
www.berlinerbaeder.de | tgl. 8–22 Uhr, Sa/So ab 9 Uhr |
Kinder (ab 5 Jahre) 5,50 €, Erw. 7,50 € | S-Bahnhof Schöneberg

Tipp:

Das **Wellenbad am Spreewaldplatz** und das **Stadtbad Schöneberg** kosten Mo–Fr 10– 15 Uhr nur 4 € für Kinder, bzw. 5,50 € für Erwachsene.

Schwimm- und Sprunghalle im Europasportpark (Prenzlauer Berg) 49

Die große Halle wurde für die Berliner Olympiabewerbung gebaut. Hier gibt es alles, was des Schwimmsportlers Herz begehrt: hohe Sprungtürme, lange Bahnen und das Gefühl, in Wasser zu schwimmen, das auch schon von Weltrekordlern durchpflügt wurde. Doch auch zwei Planschbecken mit Rutsche, ein Wärmebecken, ein Therapiebecken und ein besonderer Badebereich für Behinderte befinden sich im Bad.

Paul-Heyse-Straße 26 | Tel. (0 30) 42 18 61 20 | www.berlinerbaeder.de |
Mo–Do 6.30–22.30, Fr 11–22.30, Sa/So 10–19 Uhr | Kinder (ab 5 Jahre) 3,50 €, Erw. 5,50 €,
Familienkarte 11,50 € | S-Bahnhof Landsberger Allee

Kleine Schwimmhalle Wuhlheide (Oberschöneweide)

Um mit kleinen Kindern schwimmen zu gehen, kann auch ein kleines Schwimmbad genau das Richtige sein. Die *Kleine Schwimmhalle* an der Wuhlheide trägt dies schon programmatisch im Namen. Hier kann man zwar auch Bahnen ziehen, jedoch nur halbe. Die andere Hälfte des Beckens ist schon Nichtschwimmerbecken. Ein Kinderbereich mit Babybecken entzückt die Kleinen, und insgesamt ist es hier angenehm unangestrengt.

An der Wuhlheide 161 | Tel. (0 30) 53 89 29 30 | www.berlinerbaeder.de |
Mo 8–16, Di/Mi/Fr 10–16, Do 13–21, So 8.30–17 Uhr | Kinder (ab 5 Jahre) 3,50 €,
Erw. 5,50 €, Familienkarte 11,50 € | Tram bis Freizeit- und Erholungszentrum

Stadtbad Neukölln 50

Baden in historischer Kulisse – das Stadtbad ist über hundert Jahre alt und wurde damals schon nach antikem Vorbild erbaut. Mit Kuppeldach, Säulenhallen, Wandelgängen und Mosaiken ist das Bad ausgestattet, außerdem

Wer sicher schwimmt, darf auch auf die großen Rutschen und auf die Sprungtürme

ist der Badebetrieb in zwei Schwimmhallen unterteilt. Eigentlich winkt hier ein umfangreicher Saunabetrieb, aber für Familien interessanter ist das Spaßbaden am Wochenende von 8 bis 19 Uhr.

Ganghoferstraße 3 | Tel. (0 30) 6 82 49 80 | www.berlinerbaeder.de | Di–Fr 6.30–22,
Mo ab 12, Sa/So ab 8 Uhr | Kinder (ab 5 Jahre) 5 €, Erw. 7 €, Familienkarte 13 € |
U-Bahnhof Rathaus Neukölln (U7)

● Freibäder

Sommerbad Neukölln 51

Kein Bad für schwache Nerven, eher eines für actionbegeisterte Familienmitglieder, die den zweistelligen Altersbereich bereits erreicht haben: Die deutlichen Argumente für das Bad sind der Zehn-Meter-Sprungturm und die 83 Meter lange Wasserrutsche. Dazu gibt es im Sommer auch ansonsten jede Menge Action, wenn das Bad aus allen Nähten platzt .

Columbiadamm 160–190 | Tel. (0 30) 6 27 88 30 | www.berlinerbaeder.de |
Juni–Aug. 8–20 Uhr | Kinder (ab 5 Jahre) 3,50 €, Erw. 5,50 €, Familienkarte 11,50 € |
U-Bahnhof Boddinstr. (U8)

Sommerbad Pankow

Der Anlage des *Sommerbads Pankow* ist leider nicht ganz in Form – die große Freitreppe zum Lagern, bei der man Blick auf das Schwimmbecken samt Riesenrutsche hat, ist gesperrt. Trost bieten die großen Liegewiesen am

Rande des Schlossparks Pankow. Drei actionreiche Wasserrutschen und ein Strömungskanal beschäftigen vor allem größere Kinder.

Straße 91–93 | Tel. (0 30) 4 74 97 20 | www.berlinerbaeder.de | tgl. 8–20 Uhr |
Kinder (ab 5 Jahre) 3,50 €, Erw. 5,50 €, Familienkarte 11,50 € |
S-/U-Bahnhof Pankow, dann Tram 50 bis Stiftsweg

Sommerbad am Insulaner (Steglitz)

Plätschernde Wasserpilze und die lange, orangefarbene Rutsche sorgen für eine fröhliche Atmosphäre in diesem Sommerbad. Ein großer Nicht-schwimmerbereich und ein Babybecken bieten viel Wasserspaß für kleine Schwimmer. Einen Spielplatz mit Sandkasten gibt es auch.

Munsterdamm 80 | Tel. (0 30) 66 65 11 22 | www.berlinerbaeder.de | Kinder (ab 5 Jahre)
3,50 €, Erw. 5,50 €, Familienkarte 11,50 € | S-Bahnhof Priesterweg (S2, S25)

Sommerbad Kreuzberg 52

Das *Sommerbad Kreuzberg* ist besser als das *Prinzenbad* (und durch den Film *Prinzessinnenbad*) bekannt, liegt es doch an der Prinzenstraße. Für ambitionierte Schwimmer und Schwimmerinnen gibt es zwei 50-Meter-Be-cken, für eher spaßorientierte Prinzen und Prinzessinnen eine besonders schnelle Rutsche, ein Kinder-Planschbecken und einen Wasserspielplatz.

Prinzenstraße 113–119 | Tel. (0 30) 6 16 10 80 | www.berlinerbaeder.de |
im Sommer tgl. ab 7 Uhr | U-Bahnhof Prinzenstr. (U1)

Die Ruhe vor dem Sturm: Im Sommerbad Neukölln wird es zur Hochsaison sehr voll

Schwimmen lernen in Berlin

Idealerweise sollte mit fünf Jahren niemand mehr ein reiner Nichtschwimmer sein. Ein Schwimmkurs fördert mit den Schwimmkünsten auch das Selbstvertrauen und ist unerlässlich für die Sicherheit des Kindes.

Berliner Bäderbetriebe

Nicht nur Babyschwimmen, auch diverse Schwimmkurse für Kinder können in allen Bädern der Berliner Bäderbetriebe absolviert werden. Das Kursprogramm ist auf der Homepage oder über die Hotline zu erfahren.

Tel. (0 18 03) 10 20 20 |
www.berlinerbaeder.de

Berliner Kinderschwimmschule (Steglitz)

Der Schwimmspaß bei satten 36 Grad darf auch hier schon im Säuglingsalter beginnen. Aber zu spät ist es nie, auch die Oma darf hier noch Schwimmen lernen. Die Schwimmschule blickt auf 30-jährige Erfahrung zurück, unterrichtet in einer privaten Schwimmhalle und bietet eine kostenlose Probestunde an.

Plantagenstraße 2 | Tel. (0 30) 7 91 23 44 |
www.kinderschwimmkurse.de |
S-/U-Bahnhof Rathaus Steglitz

Tipp:

Mit der Aktion *Trau Dich!* bieten Berliner und Brandenburger Wassersportvereine Schülern von der 1. Klasse bis zum Abitur in den Ferien kostenlose Anfängerkurse in Wassersportarten von Wakeboarding bis Stand-Up-Paddling an. Infos unter: www.boot-berlin.de/TrauDich

Rochenkinder (Spandau)

Die Kurse finden im Vivantes Klinikum Spandau statt und folgen der Philosophie, das Kind mit dem Wasser auf spielerische und individuelle Weise vertraut werden zu lassen. Schwimmhilfen und feste Regeln gibt es nicht, dafür eine intensive Begleitung auch durch Elternabende. Das Einstiegsalter liegt hier bereits bei sieben Monaten.

Neue Bergstraße 6 | Tel. (0 30) 89 06 57 09 | www.rochenkinder.de | S-/U-Bahnhof Rathaus Spandau und dann Bus (136, 236) bis Neue Bergstr.

Berliner Schwimm-Verband e. V.

Schwimmen lernen geht natürlich auch im Verein – dann führt die Teilnahme am ersten Schwimmkurs vielleicht sogar zu einer regelmäßigen sportlichen Beteiligung im nassen Element – was ja eine ungemein gesunde Angelegenheit ist. Darüber, wo sich der nächstgelegene Verein befindet, informiert der Dachverband.

www.berliner-schwimm-verband.de

DLRG – Deutsche Lebens-Rettungs-Gesellschaft (berlinweit)

Schwimmen lernen bei den Lebensrettern! Wem es hier gefällt, der kann seine Abzeichen-Karriere über das Bronze-, Silber- und Goldabzeichen hinweg bis hin zum Junior-Retter oder später zum Rettungsschwimmer fortsetzen und sogar tauchen lernen. Das Kursangebot nach Bezirken ist auf der Homepage oder in der Geschäftsstelle zu erfahren.

DLRG Landesverband Berlin e. V. | Am Pichelssee 20–21 | Tel. (0 30) 36 20 95-0 | www.berlin.dlrg.de

Skateanlagen

Wenn die kleinen Rollen im Spiel sind, werden die Ausdauer und der Gleichgewichtssinn gefördert. Ob klassische Rollschuhe, Inlineskates oder Skateboard – in jedem Fall unabdingbar: Knieschoner, Handgelenk- und Ellenbogenschutz, Helm.

● **Skatemöglichkeiten im Freien**

Strecke am Müggelsee (Köpenick)

Am Südufer des Müggelsees rollt man auf dem Radweg in aller Ruhe mit Blick auf Friedrichshagen. Los geht es auf dem Parkplatz vor dem *Hotel Müggelsee*, ehemals *Müggelseeperle*. In westlicher Richtung unterwegs gibt es Spiel- und Rastmöglichkeiten an den Müggelseeterrassen, fährt man den ganzen Weg zur Spreemündung am Müggelschlößchenweg und wieder zurück, so kommt man auf neun Kilometer. Am Wendepunkt ist es durch den Spreetunnel hindurch aber auch nicht mehr weit bis zum Freibad Friedrichshagen.

S-Bahnhof Köpenick (S3), dann Bus X69 bis Müggelseeperle

Skaterunde im Volkspark Friedrichshain `53`

Zu den vielfältigen Sportangeboten im Volkspark Friedrichshain gehört der asphaltierte Rundweg im östlichen Parkteil. Etwa 850 Meter lang geht es im Kreis um die Volleyballfelder in der Mitte herum, eine kleine Bowl fordert am Rande auch noch zu Kunststückchen heraus.

Tram M10 bis Paul-Heyse-Str.

Kronprinzessinnenweg (Zehlendorf)

Als beste Strecke gilt der Kronprinzessinnenweg in Steglitz-Zehlendorf: Parallel zur Avus geht es aalglatt und schnurgerade durch den Grunewald, vier Kilometer von der Havelchaussee, etwas länger von der S-Bahnstation Nikolassee zum Hüttenweg und die gleiche Strecke wieder zurück. Reiner Rollspaß, der auch nicht von Spiel- oder Badeplatzangeboten abgelenkt wird.

S-Bahnhof Nikolassee (S1, S7)

Auf der Straße fahren:
Auch das ist immer wieder erlaubt. Zu besonderen Terminen treffen sich Skater zu einer gemeinsamen Inlinertour durch die Stadt.

Auf dem Tempelhofer Feld 54

Was kann es köstlicheren Beton geben
als eine breite Lande- oder Startbahn.
Hier liegen nicht nur viele hundert Meter Rollschuh- und Skatestrecke zur
sportlichen Verfügung, sondern auch
der einzigartige Skate-Park *Vogelfreiheit*
(▶ Seite 16).

im Winter mind. bis 17 Uhr, im Sommer max. bis 22.30 Uhr |
S-/U-Bahnhof Tempelhof

Tipp:
230 Kilometer ungebremsten
Fahrspaß gibt es einen Tagesaus-
flug entfernt: Der **Flaeming-Skate** ist ein asphaltiertes Wege-
netz im Süden von Berlin.
Gute Einstiegsorte sind
Luckenwalde oder
Jüterborg.

● Skateparks

Mellowpark (Köpenick)

„Europas größter Skateboard- und BMX-Park", das ist doch
ein Wort! Hier gibt es auf 60 000 Quadratmetern, was das
Skaterherz begehrt. Das Wort „mellow" verspricht wei-
cheste Bahnen. Seit 2012 residiert der Mellowpark
an der Wuhlheide und ist immer wieder auch Austragungsort von Szene-Sportereignissen. Es gibt
eine Skatehalle und zahlreiche Außenanlagen.

An der Wuhlheide 250 | Tel. (0 30) 64 32 98 41 |
www.mellowpark.de | tgl. 14–20 Uhr, Sa/So ab 12 Uhr |
3 €, Monatsticket 15 € | S-Bahnhof Wuhlheide (S3)

Tipp:
Im **Mellowpark**
kann man Skate-
boards und BMX-Rä-
der gegen Gebühr aus-
leihen, an Trainings
und Kursen teilnehmen
und in Campwagen
sogar vor Ort über-
nachten!

Skatehalle Berlin (Friedrichshain) 55

Die Skatehalle Berlin befindet sich auf dem RAW-Gelän-
de. Auf 6 000 Quadratmetern gibt es spektakuläre Rampen
und Parcours, die auch die ganz Großen des Sports in den Friedrichshain locken. Die Halle ist regelmäßig Austragungsort internationaler
Wettkämpfe. Für Anfänger werden Kurse angeboten, dafür gibt es auch
kleinere Rampen und Pipes.

Revaler Straße 99 | Tel. (0 30) 29 36 29 66 | www.skatehalle-berlin.de | Mo/Di/Do 14–20,
Mi/Fr 14–24, Sa 13–2, So 13–20 Uhr | Tagesticket Kinder 5 €, Erw. 6 € |
S-/U-Bahnhof Warschauer Str.

Tipp:

Für alle selbständigen Kletterer gibt es im offenen **Forum** **www.klettern-in-berlin.de** eine Liste aller Klettermöglichkeiten in der Stadt mit Bewertungen des Schwierigkeitsgrades.

Klettern

Der Berg ruft! Da es aber in Berlin bestenfalls Hügel gibt, tun es zunächst die Kletterwände, -türme und -gärten im Stadtgebiet. Klettern trainiert nicht nur den Körper, sondern auch den Geist. Es stärkt das Durchhaltevermögen, die Zielstrebigkeit und das Vertrauen in die eigenen Fähigkeiten. Außerdem ist es ein Teamsport: Im Zusammenspiel der gegenseitigen Sicherung erwerben die jungen Kraxler Teamfähigkeit. Und: Klettern trainiert wirklich jeden Muskel im Körper. Bouldern heißt das Klettern in Bodennähe ohne Sicherungstechnik.

● Seilklettern

AlpinClub 56

Da Klettern aber nicht ganz ungefährlich ist, bedarf es einer sachkundigen Anleitung in Sachen Klettertechniken und Ausrüstungen. Der AlpinClub Berlin ist eine Sektion des Deutschen Alpenvereins (DAV). Ist man DAV-Mitglied, kann man mehrere Klettertürme und zwei Kletterhallen im Stadtgebiet nutzen. Hier dürfen auch Kinder an einer extra Kinder-Kletterwand üben, zudem werden Kletterreisen in die Berge organisiert. Samstags gibt es in der Kletterhalle im Hüttenweg verschiedene betreute, offene Klettergruppen für Kinder und Jugendliche aller Altersstufen.

Tipp:

Im **DAV Berlin** gibt es noch mehr Klettergruppen, darunter die des Jugendverbandes. Infos unter: **www.jdav-berlin.de**

AlpinClub Berlin e. V., Sektion des DAV | Spielhagenstraße 4 |
Tel. (0 30) 34 50 88 04 | www.alpinclub-berlin.de

Magic Mountain (Wedding) 57

Auf 2 000 Quadratmetern Kletterfläche in der Halle und auch außerhalb gibt es Kletterrouten aller Schwierigkeitsgrade. Für Kinder gibt es einen extra gepolsterten Bereich, wo man das Klettern ohne Seil und Sicherung ausprobieren kann. Einen ersten Kletterschein erhält, wer das richtige Aufwärmen erlernt und die Ausrüstung erklärt bekommen hat und außerdem in Knotenkunde und Klettertechnik grundlegende Einblicke erhalten hat. Klettern kann man in fortlaufenden Kursen, aber auch in individuellen Terminen für Kinder oder auch für Familien. Material kann gemietet werden.

Böttgerstraße 20-26 | Tel. (0 30) 8 87 15 79-0 | www.magicmountain.de | Mo/Mi/Fr 12–23.30, Di/Do 10–23.30, Sa/So 10–22 Uhr | Halleneintritt für erfahrene Kletterer ab 6 € für Kinder und 13 € für Erw. für 2 Stunden, Vereinsmitgliedschaft gibt es ab 38 € für Kinder, 72 € für Erw. pro Monat | S-/U-Bahnhof Gesundbrunnen

Bouldern

Ostbloc & Südbloc (Lichtenberg, Tempelhof) 58

Die helle Halle des *Ostbloc* ermöglicht das Klettern in sieben verschiedenen Schwierigkeitsgraden – hat der Nachwuchs also Geschmack am Bouldern gefunden, kann er sich hier weit entwickeln. Um aber zunächst einmal in den Sport einzusteigen, gibt es für Kleinkinder einen eigenen Raum, mit Griffen, die der geringeren Körpergröße Rechnung tragen. Eine weiche Polsterung mit 30 Zentimeter hohen Matten beruhigt die Nerven.

Das Klettern ohne Seil nennt sich bouldern und braucht neben Kraft auch Geschicklichkeit.

Wer im Mount Mitte klettern geht sollte zumindest schwindelfrei sein

Die Partnerhalle in Mariendorf heißt *Südbloc*. Dieselben hellen Wände, ein paar andere „Boulderprobleme", sprich Aufgaben, die denk- und klettersportlich gelöst werden wollen, und ein eigener Bereich für Kinder. Der für die Kleinkinder folgt. In beiden Hallen gibt es nachmittags Kindergruppen für unterschiedliche Altersbereiche und Kindergeburtstagsangebote.

Ostbloc | Hauptstraße 13 | Tel. (0 30) 55 49 94 22 | www.ostbloc.de | tgl. 10–23 Uhr | Kinder bis 12 Jahre 5 €, erm. 7,50 €, Erw. 9 € | Tram 21 bis Gustav-Holzmann-Straße

Südbloc | Großbeerenstraße 2–10, Haus 4 | Tel. (0 30) 74 00 18 10 | www.suedbloc.de | tgl. 10–23 Uhr | Kinder bis 12 Jahre 5 €, erm. 7,50 €, Erw. 9 € | U-Bahnhof Alt-Mariendorf (U6)

Berta Block (Pankow) 59

In der lichten Halle warten rund 1 000 Quadratmeter Kletterwand mit und ohne Überhang darauf, erklommen zu werden. Der „Drachenfelsen", der Bereich für Kinder, bietet 50 Quadratmeter und eine maximale Absprung- beziehungsweise Fallhöhe von 3,50 Metern. Auch hier auf dicke Matten, natürlich. Kinderkurse für Kinder ab 6 Jahren finden, gestaffelt nach Alter, jeden Nachmittag statt.

Berta Block Boulderhalle | Mühlenstraße 62 | Tel. (0 30) 91 42 47 30 | www.bertablock.de | tgl. 11–23 Uhr | Erw. 10 €, Kinder 5,50 €, bis 6 Jahre 4 €, Monatsabo für Kinder ab 30 €, Geschwisterrabatt möglich | S-/U-Bahnhof Pankow

Tipp:
Ein Kind bis 6 Jahre kann auf der **Tageskarte** eines Erwachsenen mitklettern.

● Hochseilgärten

Dachseilgarten (Prenzlauer Berg) 60

Klettern und hangeln über Seil- und Netzparcours, das bieten die Seilgärten der GSJg GmbH und Sportjugend Berlin an drei verschiedenen Standorten. Der Dachseilgarten ist in den Dachfirst des *SportJugendZentrums Lychi* eingebaut. Zudem gibt es auch normale, sieben Meter hohe Kletterwände und eine Boulderwand. Das Besondere jedoch ist der Indianerpfad mit Balancierseilen, Hangeltauen und Kletternetz. Im Dachseilgarten findet wöchentlich ein offenes Kinderklettern (bis 15 Jahre) statt.

Der Seilgarten im Olympiapark-Gelände bietet Ähnliches an der frischen Luft. Ein weiterer Ort, der Niedrigseilgarten, befindet sich in Buckow. Allen Standorten sind jedoch Gruppenangebote vorbehalten. Das Bezwingen der Hangelstrecken funktioniert am besten mit gegenseitiger Hilfe, deswegen eignen sich diese Anlagen besonders zum Sozialkompetenztraining.

SportJugendZentrum Lychi | Lychener Straße 75 | Tel. (0 30) 44 73 88 33 |
www.seilgarten-berlin.de | Kinderklettern Di/Do 17–19 Uhr | 5 € |
S-/U-Bahnhof Schönhauser Allee

BergWerk (Hellersdorf)

„Europas größter Indoor- und erster Erlebnis-KletterPark" befindet sich mitten im Einkaufszentrum und Kino-Komplex *Helle Mitte*. Dafür wurden fünf Kinosäle zusammengelegt und unter anderem drei Dutzend riesige Tannenstämme aus dem Schwarzwald verbaut. Nun verteilen sich 4 000 Quadratmeter auf fünf Etagen und reichen bis unter das Glasdach des Shopping-Centers. Bis Ihr Nachwuchs dort hinaufklettern darf, muss er aber zunächst eine Weile üben. Idealer Einstieg dazu: Der neu eröffnete Abenteuerparcours *BergWerk.mini* ist speziell auf Kleinkinder zwischen 3 und 5 Jahren ausgerichtet.

Stendaler Straße 25 | Tel. (0 30) 99 27 43 73 | www.bergwerk.berlin |
Di/Mi 10–18, Do/Fr 14–21, Sa 10–21, So 10–20 Uhr | Kletterpark: Kinder 17 €, Erw. 22 €,
BergWerk.mini und JuniorParcours: 10 € inkl. Ausrüstung | U-Bahnhof Hellersdorf (U5)

Mount Mitte 61

Gleich gegenüber des Nordbahnhofs hängt ein Trabi in den Seilen, dekorativer Höhepunkt dieses Kletterberges, der eigentlich ein höchst transparenter Hochseilgarten ist. Fast 90 abenteuerliche Elemente sind in verschiedenen Parcours zu erklettern. Am Ende winkt ein 13 Meter tiefer, kontrollierter Fall. In der Riesenschaukel Sky Swing kann auch ohne Kletter-Vorarbeit paarweise geschaukelt werden. Kinder sind ausdrücklich willkommen, dürfen aber bis 13 Jahren nur in Begleitung ihrer Eltern klettern. Der Mount Mitte gehört zum Innenstadt-Strand *BeachBerlin*, es ist also auch für Entspannung und das leibliche Wohl gesorgt.

Caroline-Michaelis-Straße 8 | Tel. (0 30) 5 55 77 89 22 | www.mountmitte.de | Mo–Fr ab 14, Sa/So ab 10 Uhr, jeweils bis Sonnenuntergang | Kinder 13 €, Erw. 21 €, erm. 18 € | S-Bahnhof Nordbahnhof

Kletterwald Wuhlheide (Köpenick)

Tipp:
Familien-rabatt im **Kletterwald:** Ab dem zweiten Kind wird's für die Eltern billiger.

Auch auf diesem Gebiet lohnt mal wieder ein Ausflug zur Wuhlheide und zum FEZ (▶ Seite 92): Hier gibt es auch einen Kletterwald. Ein Hektar Wald, 86 Kletterelemente, sieben Parcours in unterschiedlichen Schwierigkeitsgraden: Anfänger klettern in zwei Metern Höhe, Geübte in zehn Metern, eine besondere Attraktion ist der „Tarzansprung".

An der Wuhlheide 199 | Tel. (0 30) 30 13 52 67 | www.kletterwald-wuhlheide.de | Sommer tgl. ab 10 Uhr, Herbst/Frühling Di/Fr–So ab 10 Uhr | Kinder ab 9 €, Erw. 15 €, erm. 12 € | S-Bahnhof Wuhlheide (S3)

Waldhochseilgarten Jungfernheide (Charlottenburg) 62

Die Jungfernheide ist einer der größten und schönsten Parks der Stadt, und hier gibt es auch einen richtigen Wald. Darin Seilkonstruktionen, Netze, Hängebrücken – Abenteuer und Gleichgewichtstraining in luftiger Höhe. Der Aufenthalt dauert etwa drei Stunden, und wer nicht weiter kommt, wird von den Betreuern aus den Bäumen gepflückt.

Für das leibliche Wohl wird im Sommergarten gesorgt und einen Spielplatz gibt es auch – so können auch kleinere Geschwister unterhalten werden, während die Großen klettern.

Tipp:
Donnerstags ist **Familientag** im **Waldhochseilgarten Jungfernheide** mit günstigen Preisen für Erwachsene. Und zum Abkühlen geht's ins Strandbad (▶ Seite 23).

Heckerdamm 260 | Tel. (0 30) 34 09 48 18 | www.waldhochseilgarten-jungfernheide.de | März–Okt. Mo–Fr 11–20, Sa/So 10–20 Uhr | Kinder ab 10 €, Erw. ab 19 €, erm. ab 13 € | U-Bahnhof Jakob-Kaiser-Platz (U7)

Sich einfach mal hängen lassen: Auch das baut (Selbst-)Vertrauen auf.

Radfahren

In Berlin ist das Fahrrad ein gutes Fortbewegungsmittel – schließlich gibt es wenige Steigungen. Was es allerdings gibt: überall Verkehr. Während die Kinder die Sache mit dem Gleichgewicht und dem Lenken in der Regel relativ schnell begreifen und lernen, ist es deutlich schwieriger, all die Regeln des Straßenverkehrs zu kennen und sich sicher zwischen Autos und Fußgängern einzureihen. Dabei helfen Angebote zur Verkehrsschulung, aber auch Radausflüge mit der ganzen Familie.

● **Fahrradfahren lernen**

Verkehrsübungsplätze (berlinweit)

Auf den Fahrradübungsplätzen der Stadt können die angehenden Verkehrsteilnehmer sicher für den Ernstfall proben. Fahrräder für die Sechs- bis Zwölfjährigen werden gestellt, oft gibt es auch Kettcars. Sind die Plätze vormittags oft von Schulklassen und Kitas belegt, so stehen sie nachmittags, oft samstags und in den Sommerferien allen Kindern offen. Besonders für die Kinder, die in der vierten Klasse die Fahrradprüfung ablegen, werden von der Polizei betreute Übungszeiten angeboten, die im Einzelnen zu erfragen sind.

Eine Liste aller Berliner Verkehrsschulen gibt es unter www.berlin.de/polizei/aufgaben/verkehrssicherheit/verkehrssicherheitsberatung/artikel.94050.php

Verkehrsübungsplätze in Steglitz und Zehlendorf

Ein besonders umfangreiches Angebot haben die Verkehrsschulen in Steglitz und Zehlendorf. Es gibt jeweils Präsenztermine der Polizei, die die Kinder, die sich auf die Fahrradprüfung vorbereiten, betreuen. Zu anderen Zeiten darf auf dem Gelände frei trainiert werden. Wichtig in jedem Fall: Festes Schuhwerk und Helm mitbringen – und Eltern. Die Verkehrsschule übernimmt nicht die Verantwortung für die Kinder. Regelmäßig werden hier auch eine Fahrradbörse und eine offene Fahrradwerkstatt veranstaltet. Und für Eltern,

Für sportliches Radfahren:

BMX Courses gibt es in der Regel genau dort, wo Skateanlagen stehen. Zum Beispiel im Mellowpark (▶ Seite 51). Extra für BMX-Fahrer sind die „Dirts" – sandige Hügel zum Herabstürzen und Drüberfliegen.

die selbst nicht so sicher auf dem Rad sind, gibt es sogar Erwachsenenkurse in kleinen Gruppen.

Steglitz: Albrechtstr. 42 | Tel. (0 30) 79 74 96 80 |
U-Bahnhof Kaiserin-Augusta-Straße (U6)
Zehlendorf: Brittendorfer Weg 16a |
Tel. (0 30) 8 11 47 44 | Training für die Verkehrs-
prüfung Mo/Di 14–18 Uhr, freies Fahren Di–Fr 14–19,
Sa 13–18 Uhr | S-Bahnhof Sundgauer Str. (S1)

Tipp:

Das Portal **www.berlin-sicher-mobil.de** informiert über die Jugendverkehrsschulen und auch über Angebote von ADAC, ACE und ADFC, die Kinder in Sachen Verkehrssicherheit fit machen.

Tourenprogramm des ADFC

Lust auf Radfahren, aber keinen Plan, wohin? Der Allgemeine Deutsche Fahrrad-Club (ADFC) hat rund 700 Tourenvorschläge parat, darunter auch viele, die für Familien mit Kindern geeignet sind. Das Heft erscheint alljährlich und liegt zum Beispiel in vielen S-Bahnhöfen aus – selbstverständlich erhält man es auch direkt beim ADFC. Die Touren werden als gesellige, geführte Veranstaltungen angeboten – zum Beispiel die Familientour von Mitte via Treptower Park zur Wuhlheide, vorbei an mehreren Spielplätzen. Die Termine und Strecken stehen auch online.

www.adfc-berlin.de, www.radundtouren.de

Sicherheit im Straßenverkehr ist wichtig und sollte gezielt geübt werden

Voltigieren

Reiten ist das eine, Voltigieren das andere. Das **Turnen auf dem Pferd** kann ein Einstieg in den Reitsport sein, gilt aber auch als eigenständige Sportart mit Wettkämpfen und Turnieren. Nur schwindelfrei sollte man sein, um auf dem im Kreis galoppierenden Pferd seine Übungen zu absolvieren.

Reiten

Hoppe, hoppe Reiter war gestern. Schon die Kleinsten ab drei Jahren können die Welt auch vom Sattel aus erkunden. Der Reitunterricht beinhaltet nicht nur die schlichten Kommandos zum Trab oder gar Galopp, sondern zunächst einmal das Herangehen an das große Tier, das Führen, das Pflegen und das Füttern. So wird aus dem Reitvergnügen ein ausgewogenes Geben und Nehmen und ein Training fürs Sozialverhalten.

Kinder- und Jugend- Reit und Fahrverein (Zehlendorf)

Vereinsmitglieder erhalten hier wöchentlichen Reitunterricht von der Pike auf. Außerdem gibt es die Möglichkeit, Schnupperkurse in den Ferien zu belegen und so in einer intensiven Woche die Grundlagen des Reitens zu erlernen. Zunächst wird das Führen, Satteln und Putzen erlernt, dann folgen spielerische Gleichgewichtsübungen in den Grundgangarten. Ein Kurs kostet ab 80 Euro, die Mitgliedschaft monatlich 66 Euro.

Robert-von-Ostertag-Straße 1 | Tel. (0 30) 8 02 61 16 | www.kinderreitschule-berlin.de | S-Bahnhof Zehlendorf (S1), dann Bus 115 bis Ludwigsfelder Str.

Ländlicher Reitverein Tegel e. V.

Der Verein erhielt in den letzten Jahren für seine Arbeit mit Kindern mehrfach Preise in Sachen beste Jugendarbeit in Berlin und Brandenburg. Die Kinder werden in die Arbeit auf den Hof mit eingebunden und können das Geschehen nach ihren Wünschen mitgestalten. Kinder ab fünf Jahren üben auf kleinen Ponys zunächst das Turnen an der Longe und einfache Gleichgewichtsübungen. Wem's gefällt, der darf später auch auf die großen Pferde und an Turnieren und Ausritten in den Tegeler Forst teilnehmen.

Waidmannsluster Damm 10 | Tel. (0 30) 4 33 60 31 | www.lrvtegel.de | U-Bahnhof Alt-Tegel (U6) oder S-Bahnhof Tegel (S25)

Reitverein Onkel Toms Hütte e. V. (Zehlendorf)

Für das Reiten gerade mit Vorkenntnissen wird eine Teststunde angeboten, um die richtige Schwierigkeitsstufe zu ermitteln. Das Voltigieren beginnt ebenfalls mit der Spielgruppe, mehrere Schwierigkeitsstufen führen zur Turniergruppe. Bei den ersten Kursstunden sind die Eltern dabei, üben mit dem Kind die Vorbereitung des Pferdes fürs Reiten und sind dabei, wenn es das erste Mal aufs Pony geht. Der Verein bietet auch therapeutisches Reiten an.

Onkel-Tom-Straße 172 | Tel. (0 30) 8 13 20 81 | www.oth-reiten.de |
U-Bahnhof Onkel Toms Hütte (U3)

Reitstall Klinke (Marzahn)

Reiten in Biesdorf, an der Longe oder alleine, das Ganze umgeben von einem ganzen Streichelzoo. Kein Vereinsbeitrag, Unterricht gibt es in der Gruppe oder alleine an der Longe. Ausritte, Kremserfahrten, Unterricht im Pferdeschlittenfahren.

Stader Straße 15 | Tel. (0 30) 5 14 26 47 | www.reitstall-klinke.de |
U-Bahnhof Biesdorf-Süd (U5)

Reiterhof Lübars (Reinickendorf)

Der Ortsteil im Norden Berlins ist fest in der Hufe der Pferde. Von hier aus kann man auch einfach wunderbar ausreiten in den Niederungen des Tegeler Fließes. Folgerichtig ist das Angebot an Reiterhöfen und Reitunterricht hier groß. Eine Möglichkeit ist der Hof von Andrea Freye, selbst erfolgreiche Turnierreiterin, die ihr Wissen hier an junge Pferdesportler weitergibt. Zentral in Lübars gibt es hier Reithalle, Außenplätze, Galoppbahn und auch Platz für Einstellpferde. Reitstunden gibt's einzeln oder im Abo.

Alt-Lübars 5 |
Tel. (0 30) 40 39 76 64 |
www.reiterhof-luebars-freye.de |
S-Bahnhof Waidmannslust und
dann Bus 222 bis Alt-Lübars

Tipp:
Reiten lassen

Man muss ja nicht immer hoch aufs Pferd, Zuschauen kann auch Spaß machen. So zum Beispiel den hochtrainierten Sportpferden, die auf den **Trabrennbahnen** Karlshorst, Hoppegarten und Marienfelde zu den Renntagen alles geben. Zu den Rennen gibt es auch jede Menge Unterhaltungsprogramm für Kinder.
www.hoppegarten.com, www.berlintrab.de,
www.pferdesportpark-berlin-karlshorst.de

Tanzen

Und jetzt Musik. Es darf getanzt werden. Allein, zu zweit oder in größeren Gruppen. Erste Tanzschritte lernen oder einfach nur zu Musik das Körpergefühl schulen, das macht Spaß. Kids können in Kindertanzkursen üben – kreatives Tanzen und freies Spiel schulen die Motorik und die Wahrnehmung. Auch die jüngsten haben schon Spaß daran, wenn es etwas cooler wird: Neben Tanzkursen mit klassischen Elementen bieten verschiedene Schulen auch Street Dance oder Hip-Hop an.

TanzTangente (Steglitz)

Hier bildet der kreative Kindertanz mit Elementen aus modernem Tanz die Grundlage für eventuell später aufbauende Tanzkurse. Zunächst werden die Kids spielerisch an das musikalische Erleben herangeführt und damit Haltungs- und Wachstumsschwächen entgegengewirkt. Auch Selbstbewusstsein und soziales Verhalten werden durch altersgerechtes Körpertraining

Kindgerechte Choreographien machen auch schon den Kleinsten viel Spaß.

und der Kreation eigener Auftritte gefördert. Ferner gibt es auch Kurse in Modern Dance, Street Dance und Hip Hop. Für Jungs gibt es ein „boys only" Training, sie sind aber auch in allen anderen Kursen willkommen.

Ahornstraße 24 | Tel. (0 30) 43 77 78 64 | www.tanztangente.de | Monatsbeitrag ab 35 €,
Probestunde 5 € | S-/U-Bahnhof Rathaus Steglitz (S1, U9)

Dock 11 & EDEN***** (Prenzlauer Berg, Pankow)

Kindertanz im Schatten der Profis: Das *Dock 11* ist eine engagierte Bühne für Tanztheater mit hohem künstlerischen Anspruch. Neben dem Training für die großen Tänzer übt hier des nachmittags auch der Nachwuchs ab zwei. Wenn, die ganz Großen vor Augen, der Funke überspringt, kann der Weg zur gelenkigen Tanzmaus je nach Gusto über Ballettkurse, Streetdance oder Akrobatik beschritten werden. Die Kinderkurse kosten 35 Euro, ermäßigt 32 Euro monatlich. Die räumliche Erweiterung befindet sich mit dem *EDEN*****in Pankow.

Dock 11 | Kastanienallee 79 | Tel. (0 30) 4 48 12 22 | www.dock11-berlin.de |
U-Bahnhof Eberswalder Str. (U2) |
*Eden***** | Breite Straße 43 | Tel. (0 30) 35 12 03 12 | S-/U-Bahnhof Pankow*

Ballett Centrum & Berliner Musicalschule (Charlottenburg)

Das *Ballett Centrum* trainiert Kinder ab drei Jahren. Los geht es mit musikalischen Bewegungsspielen und ersten Tänzen, ab sechs mit klassischem Ballett, aber auch Tanzstilen wie Modern Dance oder Hip Hop. Renommierte Gastlehrer ergänzen das Angebot, und als Kooperationspartner des Staatsballetts Berlin wird ab und an ein Eleve als Schwänchen im Projekt *Tanz ist KLASSE! Kinder tanzen* auf die große Bühne geschickt. Wer gut ist, kann vielleicht auch Kinderstatist in anderen Produktionen werden. Oder später den Ausbildungsgang zum Musicaldarsteller absolvieren.

Kurfürstendamm 207–208 | Tel. (0 30) 8 83 11 75 | www.ballettcentrum-berlin.de |
Monatsbeitrag ab 41 € | U-Bahnhof Uhlandstraße (U1)

TanzZwiEt (Friedrichshain, Prenzlauer Berg)

Ein Lehrerteam aus Profitänzern und Diplomtanzpädagogen nimmt bereits die Jüngsten ab zwei Jahren – dann aber als Gemeinschaftsunternehmung mit Eltern – unter seine Fittiche. Mit musikalisch-tänzerischer Früherziehung ab vier Jahren wird auf späteres Ballett- oder Standardtanzen vorbereitet. Mit dabei: Live-Begleitung an Klavier oder Trommel. Unterricht gibt es auch in allerlei aufregenden Tanzstilen wie Capoeira, Breakdance oder andalusischem Flamenco. Wer die Bühne liebt und Talent hat, kann im semiprofessionell arbeitenden *TanzZwiEt Ensemble* mittanzen und im *FEZ* oder der *WABE* auftreten.

TanzZwiEt | Strausberger Platz 19 und TanzSuite | Strausberger Platz 1 |
U-Bahnhof Strausberger Platz (U5)
ZwiET | Danziger Straße 101 | Tel. (0 30) 5 25 15 22 | www.tanzzwiet.de |
S-Bahnhof Greifswalder Str.

TapBeat (Kreuzberg) 66

Hier steppt der kleine Bär ab vier Jahren. Das Geklapper mit den beschlagenen Schuhen soll irgendwann sowohl optisch, als auch vom Klang her zur betanzten Musik passen – eine echte Herausforderung an Koordination und Kondition. Neben dem Steppen wird an der Schule auch Ballett unterrichtet. Zusätzlich zum regulären Unterricht werden Workshops und kleine Auftritte vorbereitet.

Tipp:
Die Tanz-
schule TapBeat
bietet eine **kos-
tenlose Probe-
stunde** an.

Diffenbachstraße 33 | Tel. (0 30) 88 62 41 58 | www.tapbeat.de |
U-Bahnhof Schönleinstr. (U8)

Sportclub Charis 02 e. V. (Prenzlauer Berg & andere Stadtteile) 67

Sportclub Charis widmet sich hauptsächlich dem Judo, bietet aber auch verschiedene Fitness- und Tanzkurse an. Beim Judo wird auf alle gefährlichen Techniken verzichtet. Stattdessen gibt es Hebel- und Festhaltegriffe, Fallübungen und die Möglichkeit, im Kampf aufzugeben. Ziel des Vereins ist ein günstiges Training in Wohnungsnähe, so wird eng mit verschiedenen Schulen in den Bezirken zusammengearbeitet. 90 Prozent der etwa 800 Mitglieder des Vereins sind Kinder und Jugendliche.

Herthastraße 2 | Tel. (0 30) 4 44 40 18 | www.scc02.de

X-Step (Kreuzberg) 68

Die Trainingsschule *X-Step* bietet nicht nur diverse Kampfkünste, sondern auch Ballett, Street Dance oder Akrobatikkurse für Kids an. All diese Sportarten sprechen ähnliche Fähigkeiten an: Konzentration, Beweglichkeit, Koordination und das Zusammenspiel im Team – dies sind Potentiale, die lebenslang wichtig bleiben.

Tempelhofer Ufer 36 | Tel. (0 30) 2 61 69 25 | www.x-step.de | U-Bahnhof Gleisdreieck (U1, U2)

Mitmachangebote

Kinderhirne sind Schwämme – sie saugen begierig auf, wenn etwas interessant ist. Natürlich ist viel Bewegung und viel Draußensein ein wichtiger Bestandteil einer erfreulichen Kindheit. Doch Kinder sind auch für vieles zu begeistern, was auch Erwachsene interessiert: technische Zusammenhänge, Kunst und kreative Aufgaben, Musik, gutes Essen. Hier ein paar Mitmachangebote.

Tipp:

Natürlich können auch noch unzählige weitere **Sportarten** von A wie Aerobic über F wie Flossenschwimmen bis Z wie Zehnkampf ausprobiert werden. Dafür eignen sich besonders gut die lokalen Sportvereine. Bei der Suche hilft die **Berliner Sportjugend**: www.lsb-berlin.net

Kinderforscher HELLEUM (Hellersdorf)

Technik und Naturwissenschaften begreift man am Besten, indem man sie ausprobiert. Und so funktioniert das im Kinderforscherzentrum HELLEUM. Das „forschende Lernen" geschieht in einer flexibel möblierten Lernwerkstatt mit einer besonderen Ausstattung an verschiedensten Experimentiermaterialien und Laborgeräten. Neben einer ganzen Reihe von Workshops gibt es allwöchentlich offene Angebote. Und das Werkstattteam berät und unterstützt dabei.

Kastanienallee 59 | Tel. (0 30) 91 14 88 67 | www.helleum-berlin.de | U-Bahnhof Hellersdorf (U5)

Atelier Bunter Jakob (Kreuzberg) 69

Die *Berlinische Galerie* ist ein Museum für zeitgenössische Kunst, in dem zu sehen ist, was die Berliner Künstler zum internationalen Kunstgeschehen beitragen. Direkt vor Ort dürfen auch die Kinder sich kreativ betätigen. Unter Anleitung von Bildenden Künstlern wird dabei auf die aktuellen Ausstellungen reagiert und werden wechselnde Workshops angeboten. Um das Ganze einfach einmal auszuprobieren, empfiehlt sich der (kostenfreie) offene Mittwoch: Da wird zwischen 15 und 18 Uhr gemalt, gedruckt oder collagiert. Am jeweils ersten Sonntag im Monat sind auch Eltern oder Großeltern zum Mitmachen eingeladen.

Berlinische Galerie | Alte Jakobstraße 124–128 | Tel. (0 30) 7 89 02-6 00 | www.berlinischegalerie.de | U-Bahnhof Spittelmarkt (U1, U2)

Tipp:

Auch im **Technikmuseum** (▸ Seite 79) gibt es sowohl samstags das offene Angebot, in der Familienwerkstatt zu experimentieren, als auch Kurse und Workshops im „Junior Campus".
www.sdtb.de

Jugendkunstschule Pankow

Das Team der Jugendkunstschule begleitet junge Kreative von den ersten Versuchen in Farbe, Ton oder darstellender Kunst bis hin zum Mappenvorbereitungskurs für die Kunsthochschulbewerbung. Die Kinder können frei malen oder ihr Auge in einem Aktzeichenkurs schulen, es gibt Kurse fürs Töpfern, fürs Comiczeichnen, fürs Theaterspielen, fürs Fotografieren und für erfindungsreiche Bauvorhaben. Es ist bestimmt für jedes künstlerisch begabte Kind ein passendes Angebot dabei.

Neue Schönholzer Straße 10 | Tel. (0 30) 49 97 99 52 | www.juks-pankow.de | S-/U-Bahnhof Pankow

Die Kinder vom Kleistpark (Schöneberg)

Die Kinder vom Kleistpark machen Musik – und das in einer bunten Mischung internationaler Musikstile und ein jedes in seiner Sprache. Der Verein organisiert Mitmachkonzerte, bei denen Dutzende von Kindern auf der Bühne stehen und alle im Saal mitsingen und mittanzen dürfen. Zur Vorbereitung: Die Musikpädagogen haben mit „ihren" Kindern bisher fünf CDs aufgenommen, die eine abwechslungsreiche, schöne und mit der ganzen Familie hörbare Wanderung für die Ohren durch die Kinderlieder der ganzen Welt sind.

www.wirkindervomkleistpark.de

Kinderkochspaß (Charlottenburg) 70

Der Kinderkochspaß ist zum einen ein gemütliches Café für Eltern und Kinder mit täglich frisch zubereiteten Gerichten. Zum anderen dürfen hier die Kinder auch selbst den Löffel schwingen und unter fachkundiger Anleitung ein Menü zaubern, das anschließend gemeinsam verzehrt wird. Da werden Nudeln selbst hergestellt oder Bouletten geknetet und nebenbei neue Geschmäcker entdeckt und etwas über gesunde Ernährung gelernt. Es kann auch eine ganze Kindergeburtstagsgesellschaft kochen.

Kaiserin-Augusta-Allee 83 | Tel. (0 30) 63 96 30 95 | www.kinderkochspass.de | Mo–Fr 12–18 Uhr | U-Bahnhof Mierendorffplatz (U7)

Bau- & Abenteuerspielplätze

Den Bau- und Abenteuerspielplätzen ist eines gemeinsam: In der Regel wird irgendwo gehämmert und eine Hütte gebaut. Das geschieht natürlich unter pädagogischer Betreuung diverser Träger. Schlechtwetterangebote beschäftigen die unternehmungslustigen Kinder, auch wenn es draußen kalt und nass ist. Und so ist der Spielplatz auch ein Ort für soziale Anbindung und die Entwicklung eigener Ideen in der Gruppe.

Tipp:
Der **Landesverband Abenteuerspielplätze und Kinderbauernhöfe** in Berlin stellt auf seiner Website eine Übersichtskarte und eine Liste aller angeschlossenen Plätze bereit.
www.akib.de

Abenteuer- und Bauspielplatz Kuhfuß (Treptow) **71** 6+

Im Zentrum steht der Hüttenbau, eigene Ideen sind gefragt, Werkzeug und Hilfe gibt's vor Ort. Apropos: In der Werkstatt kann auch das eigene Fahrrad geflickt oder etwas anderes gebaut werden. Es gibt ein Baumhaus, eine Spielwiese, Sportangebote und einen Garten zum Mitbewirtschaften.

Karl-Kunger-Straße 29 | Tel. (0 30) 53 69 90 69 | www.kinderring-berlin.de |
Mo–Fr 13–18 Uhr, in den Ferien ab 12 Uhr |
bis Treptower Park, dann Bus 104 bis Heidelberger Str.

Holz, Hammer, Nägel – Bretterbuden bauen lernt kind auf dem Bauspielplatz

Abenteuerlicher Bauspielplatz Kolle 37 (Prenzlauer Berg) 72

Die letzte verwilderte Ecke im Kollwitzkiez gehört den Kindern. Irgendwo im Gestrüpp steht ein Autowrack, daneben ein dicker Hammer. Merke: Aggressionsabbau ist auch eine Aufgabe der Bauspielplätze. Längst ist eine riesige Klettergerüstkonstruktion entstanden, in deren Schatten unter anderem getöpfert oder Bogen geschossen wird.

Kollwitzstraße 35 | Tel. (0 30) 4 42 81 22 | www.kolle37.de | Mo–Fr 12–19 Uhr, Winterhalbjahr 11.30–18 Uhr, Sa 13–18 Uhr | U-Bahnhof Senefelderplatz (U2)

Abenteuer- und Bauspielplatz Forcki (Friedrichshain) 73

Der Forckenbeckplatz ist eigentlich kein Platz, sondern ein kleiner Park mit viel Liege- und Spielflächen. Für größere Kinder gibt es auf dem „Forcki" einen Bauspielplatz für alle, die handwerken und gestalten wollen. Da werden Hütten gebaut und Lehmmauern gezogen, es gibt ein Baumhaus und jeden Donnerstag und Freitag ein Lagerfeuer.

Forckenbeckplatz/Ecke Eldenaer Straße 12 | Tel. (0 30) 4 53 05 66 90 | www.forcki.de | Mo–Di 13–18, Mi–Fr 13–19 Uhr | S-Bahnhof Storkower Str.

ASP – Abenteuerspielplatz Humboldthain (Wedding) 74

Auch im Humboldthain steht ein Hüttendorf. Herzstück ist jedoch ein stabiles Blockhaus, das Gruppenräume und eine Fahrradwerkstatt beherbergt. Zudem ein „normaler" Spielplatz mit Seilbahn, Schaukel, Wippe und Buddelkasten. Den Kindern und Jugendlichen wird ein sportliches Angebot gemacht, außerdem wird ein Gemüsegarten betreut.

Gustav-Meyer-Allee 4 | Tel. (0 30) 4 64 47 62 | www.asp-humboldthain.de | Mo–Fr 13–18, Sa/So 12–19, zur Sommerzeit bis 20 Uhr | S-/U-Bahnhof Gesundbrunnen

Abenteuerspielplatz im Güntzelkiez (Wilmersdorf) 75

Ja, auch hier werden – tadaa – Hütten gebaut. Dafür gibt es auch richtige Kurse für angehende Bauingenieure. Daneben gibt es Platz und Gelegenheit zum Klettern, Schaukeln und Spielen, zum Fußball- und Tischtennisspielen, Sand- und Wasserspiele für Kleinkinder. Spielsachen können auch ausgeliehen werden. Und der Garten braucht Pflege. Und Grillen überm Lagerfeuer darf natürlich auch nicht fehlen.

Holsteinische Str. 45 | Tel. (0 30) 86 39 40 33 | www.asp.nusz.de | Sommer Mo–Fr 13–18.30, Sa 10–13 Uhr, Winter Di–Fr 13–17.30, Sa 11–14 Uhr | U-Bahnhof Hohenzollernplatz (U3)

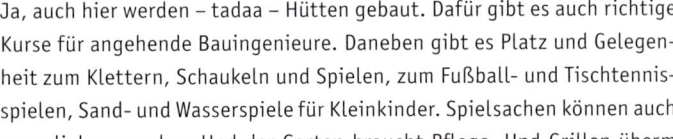

Tolle Läden für Kinder

Wie kaufen Kinder gerne ein? Streng hedonistisch. Das mag sich von dem unterscheiden, was die Erwachsenen für gut befinden. Ein Einkaufsexperte aus dem Familienkreis meinte dazu: „Ich gehe am liebsten dort einkaufen, wo man spielen darf" und: „Ich kaufe ganz einfach Spielzeug und Süßigkeiten ein". So weit, so gut. Und mehr.

Bunte Schokowelt (Mitte) 76

Schokolade auf drei Etagen – das kommt der Vorstellung vom Schlaraffenland schon ziemlich nahe. Die Marke *Ritter Sport* präsentiert hier nicht nur quadratische Tafeln, sondern die gesamte Schokoladenherstellung als Ausstellung von der Kakaobohne bis zur Schokoladenmaschine mit dazu. Die eigene Schokolade mit Wunschgeschmack kann man sich vor Ort herstellen lassen und dabei zusehen.

Französische Straße 24 | Tel. (0 30) 20 09 50 80 |
www.ritter-sport.de | Mo–Mi 10–19, Do–Sa 10–20, So 10–18 Uhr |
Schoko-Werkstatt 10 € | U-Bahnhof Französische Str. (U6)

Tipp:
Nach Vorausbuchung können Kinder in der **Bunten Schokowelt** auch selbst ins Geschehen eingreifen und in der Werkstatt Schokolade mit selbst kreierten Geschmäckern gießen.

Die wilden Schwäne (Pankow, Prenzlauer Berg) 77

Ein Spielzeugladen ist ein Spielzeugladen ist ein Spielzeugladen und egal, ob Trash oder pädagogisch Wertvolles, die Kids werden sich darin verlieren. Doch die Läden der Wilden Schwäne sind echte Fundgruben für Fantasievolles und Anregendes jenseits des Mainstreams. Für Holzspielzeuge, tolle Bilderbücher, Puppen und Stofftiere, Jonglier- und Bastelbedarf. Die Kinder dürfen auch sofort spielen mit Holzeisenbahn und Autos am Tisch in Kinderhöhe, und mit einem Sammelmarkensystem kann ein Rabatt erarbeitet werden.

Pankow: Breite Straße 39 | Tel. (0 30) 48 09 88 99 | www.wildeschwaene.de |
Mo–Fr 10–18.30, Sa 10–16 Uhr | S-/U-Bahnhof Pankow
Prenzlauer Berg: Schönhauser Allee 63 | Tel. (0 30) 47 08 08 12 | www.wildeschwaene.de |
Mo–Fr 10–19, Sa 10–18 Uhr | S-/U-Bahnhof Schönhauser Allee

Onkel Philipps Spielzeugwerkstatt (Prenzlauer Berg) 78

Der Laden in der Choriner Straße ist eine Wunderkammer für Spielwaren der ganzen letzten Dekaden. Vieles hier ist gebraucht, dafür findet man hier Dinge, die es sonst nirgendwo mehr gibt. Wenn man sie denn findet: Etwas Geduld muss man schon mitbringen, um alles zu inspizieren. Was nur kurzfristig gebraucht wird, kann ausgeliehen, was kaputt geht, zur Reparatur gebracht werden.

Choriner Straße 35 | Tel. (0 30) 4 49 04 91 | www.onkel-philipp.de | Di/Mi/Fr 9.30–18.30, Do 11–20, Sa 11–16 Uhr | U-Bahnhof Eberswalder Str. (U2)

Paint your Style (4 x in Berlin) 79

Tipp:

Wer zu Hause malen möchte, erhält **Preisnachlass** auf die Rohlinge, muss aber dafür Glasur in der Farbbar abfüllen und erwerben. Gebrannt wird dann wieder im Geschäft.

In den Keramikläden von Paint Your Style ist alles weiß: Tassen, Teller, Vasen, Sparschweine und Dekorationsartikel für Weihnachten oder Ostern. Doch das soll auf keinen Fall so bleiben. Hier malt der kleine oder große Kunde selbst, in einer breiten Palette von Farben, streng nach Vorlage oder expressiv, für den eigenen Gebrauch, oder – wohl meistens – als persönliches Geschenk für Nahestehende. Im Preis der Artikel sind Farbe und Brennvorgang mit inbegriffen, gemalt werden darf jederzeit ohne Voranmeldung, Kindergeburtstagsfeiern sind auch willkommen.

Filialen in Charlottenburg, Kreuzberg, Friedrichshain und Prenzlauer Berg | www.paintyourstyle.de

OK Shop (Mitte) 80

Es ist nur ein sehr kleines Geschäft an der Alten Schönhauser Straße, und das interessierte Kind hat ihn auch im Nu auseinander genommen. Dass es das tut, liegt an den Spielzeugen aus fernen Ländern, die Teil des Sortiments sind. Der Laden importiert ungewöhnliche und eigentümlich dekorative Haushaltswaren. Dazwischen finden sich eben auch indische Blechtauben mit Papier-Blasebalg zum Zwitschern, klapprige Spielzeugautos aus dem Ostblock und mexikanische Schlüsselanhänger als glitzernde Wrestling-Masken. Das alles auch im Onlineshop.

Alte Schönhauser Straße 36/37 | Tel. (0 30) 24 63 87 46 | www.okversand.com | Mo–Sa 12–20 Uhr | U-Bahnhof Weinmeister Straße oder S-/U-Bahnhof Alexanderplatz

Deko Behrendt (Schöneberg) **81**

Ein Laden für das Kind und natürlich für das Kind im Elternteil. In den voll-gestopften Tiefen des Schöneberger Traditionsgeschäfts gibt es Kerzen, buntes Pappgeschirr, Girlanden und Schmuck für jede saisonal angesagte Feier, dazu eine Unmenge an Masken, Kostümen, Scherzartikeln, Konfetti, Luftschlangen und Tröten und was man eben noch so braucht, um an jedem Tag des Jahres seinen persönlichen Karneval zu veranstalten.

Hauptstraße 18 | www.dekobehrendt-berlin.de | Mo–Fr 10–19, Sa 10–16 Uhr |
U-Bahnhof Kleistpark (U7)

Balloonerie (Prenzlauer Berg) **82**

So ein rührendes Heliumschwein lebt nicht ewig, aber bei guter Pflege kann das Haustier-Leichtgewicht eine ganze Weile im Kinderzimmer über-dauern, bis sein fröhliches Nicken die Prallheit aushaucht. Ist das Tier noch ganz, kann man es in der Balloonerie auch wieder auffüllen lassen. Wenn nicht, ist es vielleicht an der Zeit, einem anderen der hübschen, schwebenden Gesellen aus der Luftballonhandlung und -druckerei eine Chance zu geben.

Eberswalder Straße 31 | Tel. (0 30) 4 48 10 64 | www.balloonerie.de |
Mo–Fr 9–18, Sa 9–13 Uhr | U-Bahnhof Eberswalder Str. (U2)

Fuchswecker (Friedrichshain) **83**

Frieden für die Augen. Bei Herrn Wecker gibt es Kindersachen in unfallfrei-em Design. Zum Anziehen, zum Spielen und auch für praktische Zwecke, zum Beispiel Schultaschen oder Geschirr. Viele internationale Firmen, viel Spielfreude.

Bötzowstraße 17 | Tel. (0 30) 28 09 58 42 | www.gutespielzeug.de |
Mo–Fr 10–18.30, Sa 10–14 Uhr | Tram M4 bis Hufelandstr.

Berliner Bonbonmacherei (Mitte) **84**

Die Bonbonmanufaktur in den Heckmannhöfen lässt sich in die Töpfe gucken. Was über Feuer kocht, mit einer Menge Handarbeit entsteht und durch die beinahe historischen Prägemaschinen gewalzt wird, gibt es di-rekt in Zellophanbeutel verpackt: Altmodische Bonbons, Drops, Karamel-len, ... und in jedem Fall lecker.

Oranienburger Straße 32 | Tel. (0 30) 44 05 52 43 | www.bonbonmacherei.de |
Mi–Sa 12–19 Uhr | S-Bahnhof Oranienburger Str.

Kindergeburtstag

Alle Jahre wieder stellt sich die Frage: Lassen wir diese zunehmende Anzahl von Partygästen unseres Mini-Jubilars die Wohnung verwüsten – oder fällt uns etwas ganz anderes ein? Natürlich ist schon eine Schatzsuche im nächstgelegenen Park ein solches Ereignis. Einige weitere Ideen stellen wir hier vor.

... zum Abheben

Der Flughafen Schönefeld lässt die Geburtstagsgesellschaft hinter die Kulissen gucken. Der Betrieb wird auch von der Besucherterrasse aus erklärt, besonderes Highlight ist der Besuch der Flughafenfeuerwehr. Anschließend kann vor Ort ein Restaurant besucht werden. Dauer circa zwei Stunden, ab acht Personen.

Buchung unter Tel. (0 30) 60 91-7 77 70 |
www.berlin-airport.de

... unterm Sternenhimmel 85

In der Archenold-Sternwarte im Treptower Park gibt es das längste Fernrohr der Welt. Als Angebot für Geburtstagskind und Gäste steht ein privater Spaziergang durch die Sternwarte auf dem Programm. Hier wird dann gezeigt, wie der Sternenhimmel am Tag und zur Uhrzeit der Geburt des Geburtstagskindes aussah. Ab zehn Teilnehmern.

Infos unter Tel. (0 30) 5 36 06 37 19 |
www.sdtb.de

... feuchtfröhlich

Sich mit allen Gästen in die Fluten stürzen (das macht den Geburtstag wahrscheinlich nicht eltern-nervenschonender, aber ...), und sich anschließend am eigenen Geburtstagstisch an Pizza und Pommes laben. Dazu gibt es auf Wunsch Spielideen für über und unter Wasser – oder ein Sonderprogramm Meer-

– einmal anders

jungfrauenschwimmen für kleine Nixen.

Auskunft unter Tel. (0 30) 22 19 00 11 | www.berlinerbaeder.de

... in der Flimmerkiste

Der Lieblingsfilm als Partyausflug – im Kinderkinoprogramm von *Central* und *Moviemento* gibt es zahlreiche Klassiker des Kinderfilms zur Auswahl. Zum Kindergeburtstag muss nur der Kuchen mitgebracht werden. Auf Wunsch können die Kinder im Vorfeld einen Trickfilm produzieren und dann gleich als Vorfilm auf der Leinwand sehen.

Infos unter Tel. (0 30) 40 98 23 63

... unterm Blätterdach

Die Waldschule Zehlendorf ist eine kleine Waldhütte. Hier geht es los, hier gibt es Geweihe und Federn zu bestaunen, hier kann auch gepicknickt werden. Dann geht es gemeinsam in den Wald, das Thema kann individuell verabredet werden, und Zeit und Raum zum Spielen gibt es auch.

Wenige Termine, Buchung unter waldschule-zehlendorf@jibw.de

... im Märchenschloss 86

Die Geburtstagsgesellschaft unternimmt eine Zeitreise. Am Beginn der Feier steht die stilgerechte Kostümierung: Die Kinder werden vor Ort in Ballgarderobe gewandet. Anschließend gibt es eine Führung durch das prächtige *Schloss Charlottenburg* und in die Zeit Friedrichs des Großen. Und dann Musik: Es darf getanzt werden, und zwar ein barockes Menuett zur Musik des Berliner Residenz-Orchesters. Für die anschließende Stärkung sei ein Picknick im Schlosspark empfohlen.

Buchung unter Tel. (03 31) 96 94-222

Es muss nicht nur das Kindermuseum sein, auch die großen Ausstellungshäuser und Museen bieten speziell auf die kleinen Besucher abgestimmte Programme an.

Kultur & Unterhaltung

Jawohl, Kultur und Unterhaltung stehen in dieser Über-
schrift vollkommen gleichberechtigt nebeneinander. Ausstellungen, Museen, Konzerte, Theateraufführungen für
Kinder und Jugendliche aller Altersstufen gibt es in Berlin zuhauf. Und so reicht das Spektrum vom spielerischen
Umgang mit Modellen oder Puppen bis hin zum Kontakt
zu klassischen Stoffen von Oper und Theater. Tatsächlich
richtet sich das musikalische Angebot der Deutschen Oper
sogar bereits an Neugeborene. Es ist eben nie zu früh!

Tipp:
Der Verein **Jugend im Museum** bietet ein breites Programm an Führungen und Workshops für Kinder und Jugendliche in den unterschiedlichsten Berliner Museen an.
www.jugend-im-museum.de

Ausstellungen für Kinder

Für Kinder sind nicht nur die Museen interessant, die sich speziell an sie richten. Nur Mut zum gemeinsamen Gang in die Ausstellungshäuser! Der Museumspädagogische Dienst der Kulturprojekte GmbH bietet speziell auf Kinder abgestimmte Führungen an und organisiert besondere Ereignisse. Und die Staatlichen Museen Berlins veranstalten mit der „Kinderakademie" ein jeweils halbjährliches Kursprogramm für Kinder und Jugendliche.

● **Klassische Museen**

Museum für Naturkunde (Mitte) **87**

Der Wow-Effekt gleich hinter der Eingangstür: Im prächtigen Lichthof reckt sich das Skelett des Brachiosauriers 13 Meter hoch in die Luft. Es ist das weltgrößte montierte Dinosaurierskelett. Mittels der hier aufgebauten Ferngläser, der Juraskope, können die Dinos virtuell zum Leben erweckt werden. Gelingt es, sich und die Kinder von diesen beeindruckenden Einblicken loszureißen, warten in den hinteren Sälen des Museums unzählige faszinierende und schöne Präparate vom Küken bis zum Löwen, in Formaldehyd eingelegte Fische, konservierte Insekten, Schnecken, Muscheln und Steine: Insgesamt sind es 30 Millionen Präparate.

Invalidenstraße 43 | Tel. (0 30) 20 93 85 91 | www.mfn-berlin.de | Di–Fr 9.30–18, Sa/So 10–18 Uhr | Kinder ab 6 Jahre 3,50 €, Erw. 6 € | U-Bahnhof Naturkundemuseum (U6)

Das „Junior Museum" im Ethnologischen Museum (Zehlendorf)

Wer als spätbarocker Fürst auf sich hielt, versammelte in einer Wunderkammer Kuriositäten aus aller Welt und staunte gemeinsam mit seinen beeindruckten Besuchern über die exotischen Dinge, die von andersartigem Leben erzählten. Selbstredend hatten auch die brandenburgischen Kurfürsten eine solche Wunderkammer, und ihre Schätze bildeten den Grundstock der Sammlung des *Ethnologischen Museums*, die heute eine halbe Million Exponate umfasst. Darunter ganze Häuser, Tempel oder Segelboote. Doch nur beim Staunen bleibt es nicht mehr: Die Inszenierung hinterfragt

Themen wie Kolonialismus und Eurozentrismus, und ein besonderer Ausstellungsteil bereitet diese Themen auch für Vorschulkinder auf.

Lansstraße 8/Arnimallee 25 | Tel. (0 30) 2 66 42 42 42 | www.smb.museum | Di–Fr 10–17, Sa/So 10–18 Uhr; Junior Museum Sa/So 11–18 Uhr, Mo–Fr nur für angemeldete Gruppen | Kinder bis 18 Jahre frei, Erw. 8 € | U-Bahnhof Dahlem-Dorf (U3)

„Die Werkstatt des Malers" in der Gemäldegalerie (Tiergarten)

Die Flaniermeile der abendländischen Kunst am Kulturforum beherbergt Meisterwerke der europäischen Malerei vom 13. bis zum 18. Jahrhundert. In vielen der vor-abstrakten Bilder lassen sich gemeinsam Geschichten erkennen und entdecken – dafür braucht man noch nicht mal unbedingt eine Führung, da darf die Fantasie auch einmal Haken schlagen. Um der Sache mit der Malerei dann doch noch genauer auf den Grund zu gehen, bietet die Gemäldegalerie das *Kinder-Reich* an: Hier werden Werkzeuge und Materialien mit Schautafeln und einem Frage-Antwort-Spiel erklärt.

Matthäikirchplatz | Information und Buchung (0 30) 2 66 42 42 42 | www.smb.museum | Di–So 10–18, Do bis 20 Uhr | Kinder bis 18 Jahre frei, Erw. 10 € | S-/U-Bahnhof Potsdamer Platz

> **Tipp:**
> Die letzte halbe Stunde kassiert das Museum für Naturkunde keinen Eintritt mehr. Für einen kurzen Besuch in der Halle der Dinosaurier ist das allemal genug.

Filmmuseum (Tiergarten)

Von selbst werden die Exponate der Filmhistorie aus Stumm- und Schwarz-weißfilm-Zeit ihren Kindern vermutlich nicht allzu viel sagen. Die Inszenierung hingegen wird ihnen Spaß machen. Verschlungene Gänge führen die Besucher durch verspiegelte Säle, und am Ende finden die Kinder dann doch etwas Bekanntes: Fernsehen, Sendungen, Filme und Serien aus immer jüngerer Vergangenheit bis zur Gegenwart. Hier kann man sich auch vor die Röhre hängen und Bekanntes und längst Abgesetztes noch einmal sehen. Für Kinder gibt es aber auch regelmäßig eine eigene Ausstellung, die sich zum Beispiel mit der Herstellung von Filmen und Animationen beschäftigt. Buchbar sind Trickfilm-Workshopangebote und kindgerechte Führungen durch die Ausstellung.

Museum für Film- und Fernsehen – Deutsche Kinemathek | Potsdamer Straße 2 |
Tel. (0 30) 3 00 90 30 | www.deutsche-kinemathek.de | Di–So 10–18, Do 10–20 Uhr |
Erw. 7 €, erm. 4,50 €, Schüler 2 €, diverse Gruppentickets | S-/U-Bahnhof Potsdamer Platz

Jugend Museum (Schöneberg) 90

Dieses Museum richtet sich insbesondere an Kinder und Jugendliche ab zehn Jahren. Nichtsdestotrotz dürfen Mama und Papa natürlich mitkommen und zum Beispiel die aktuelle Dauerausstellung *Villa Global* mit anschauen. Ungewöhnlicherweise wurde sie von Bewohnern des Stadtteils gestaltet und berichtet über die unterschiedlichsten Lebensweisen in der näheren Umgebung. 1 600 junge Leute waren am Projekt *Heimat Berlin* zum

Die ganze Welt ein Abenteuer – und das lässt sich im Labyrinth Kindermuseum erleben

Thema Migration und Toleranz beteiligt, 14 individuell eingerichtete Zimmer sind das Ergebnis. Ein weiterer Ausstellungsteil sind die *Wunderkammern*. 27 Kisten bergen kostbare, wundersame oder alltägliche Dinge von Opferrind bis Lumpenpuppe - und alle erzählen von der Geschichte Berlins.

Hauptstraße 40/42 | Tel. (0 30) 9 02 77 61 | www.jugendmuseum.de |
Mo–Do 14–18, Fr 9–14, Sa/So 14–18 Uhr | Eintritt frei | U-Bahnhof Eisenacher Str. (U7)

Erlebnisreiche Museen

Deutsches Technikmuseum (Kreuzberg) 91

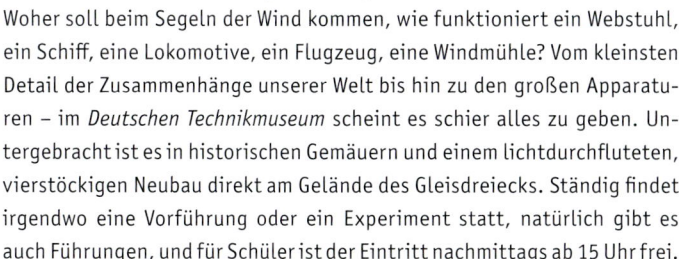

Woher soll beim Segeln der Wind kommen, wie funktioniert ein Webstuhl, ein Schiff, eine Lokomotive, ein Flugzeug, eine Windmühle? Vom kleinsten Detail der Zusammenhänge unserer Welt bis hin zu den großen Apparaturen – im *Deutschen Technikmuseum* scheint es schier alles zu geben. Untergebracht ist es in historischen Gemäuern und einem lichtdurchfluteten, vierstöckigen Neubau direkt am Gelände des Gleisdreiecks. Ständig findet irgendwo eine Vorführung oder ein Experiment statt, natürlich gibt es auch Führungen, und für Schüler ist der Eintritt nachmittags ab 15 Uhr frei.

Trebbiner Straße 9 | Tel. (0 30) 9 02 54 | www.sdtb.de | Di–Fr 9–17.30, Sa/So 10–18 Uhr |
Kinder bis 6 Jahre frei, Erw. 8 € | U-Bahnhof Möckernbrücke (U1, U7)

MACHmit! Museum (Prenzlauer Berg) 92

Der Name ist Programm in dieser umgebauten Kirche im Prenzlauer Berg. Jährlich wechselnde Themenausstellungen vermitteln das Wissen ganz unauffällig spielerisch. Alles zum Anfassen, alles zum Mitmachen. Andere Dinge wechseln nicht: Das acht Meter hohe Kletterregal und ein Spiegelkabinett machen die Kirche zum Indoor-Abenteuer, ein historischer Seifenladen und eine richtige Druckerei sind auch zu bestaunen. Die hauseigenen Turmfalken ziehen alljährlich ihre Brut vor der Nestkamera auf. Ein Familiencafé winkt sowie ein umfangreiches Veranstaltungsprogramm mit Workshops für Kinder, Angebote für Familien und Kinderkino.

Senefelder Straße 5/6 | Tel. (0 30) 74 77 82 00 | www.machmitmuseum.de |
Di–So 10–18 Uhr | ab 2 Jahre 3,50 €, ab 3 Jahre 5,50 € | U-Bahnhof Eberswalder Str. (U2)

Labyrinth Kindermuseum (Wedding) 93

Halb Indoorspielplatz, halb Themenausstellung, dazu pädagogische Betreuung und im Zentrum des Ganzen ein gemütliches Café: In der ehemaligen Zündholzfabrik in der Osloer Straße hat die ganze Familie ihren Spaß und nebenbei wird auch noch echtes Wissen aufgenommen und die Kreativität gefördert. Über zwei lichtdurchflutete Etagen erstreckt sich die jeweilige Ausstellung, die Themen sind mit vielen unterhaltsamen Spielen und Spielmöglichkeiten anschaulich gemacht, und ausruhen können Groß und Klein auf der großen Treppe zwischen den Etagen.

Osloer Straße 12 | Tel. (0 30) 8 00 93 11 50 | www.labyrinth-kindermuseum.de |
Fr/Sa 13–18, So 11–18 Uhr; in den Ferien auch Mo–Fr 9–18 Uhr | Kinder ab 2 Jahre und Erw.
5,50 €, freitags von 13–18 Uhr 4,50 € | U-Bahnhof Osloer Str. (U8, U9)

Computerspielemuseum (Friedrichshain) 94

Einfach mal mit den Kindern daddeln gehen und das unter „Kultur" verbuchen. Ist ja schließlich ein Museum. Tatsächlich gibt es viel Informatives über die Hintergründe von Computerspiel-Technik und Computerspiel-Animation zu entdecken. Und ganz praktisch lässt sich hier den Wii- und Xboxverwöhnten Gören ein doch vorhandener Teil der eigenen Jugend nahe bringen: Zocken auf dem Atari. Die ersten Nintendos. Quasi die Steinzeit in der etwa 60-jährigen Geschichte der Computerspiele, die hier in modernstem Outfit im Zuckerbäcker-Bau ausgestellt ist.

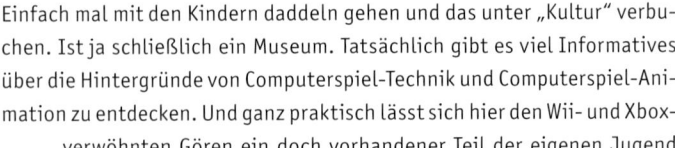

Weitere Ausstellungen:
Im **FEZ** gibt es ein Kindermuseum mit wechselnden Themenausstellungen und das Raumfahrtmuseum für Kinder ab 8 Jahren (▸ Seite 92).

Karl-Marx-Allee 93a | Tel. (0 30) 60 98 85 77 |
www.computerspielemuseum.de | Mi–Mo 10–20 Uhr |
Kinder (6–17 Jahre) 5 €, Erw. 8 € | U-Bahnhof Weberwiese (U5)

Museum für Kommunikation (Mitte) 95

Aus den Ausstellungsgeschossen, die sich als Galerien um die hohe Rotunde des ehemaligen Postamts herum schmiegen, tönt Stimmengewirr. Teils stammt es von den Besuchern, teils sind es aber die Exponate selbst, die schwatzend und interaktiv die Geschichte der Kommunikation von der Entstehung der Schrift bis hin zum Datenverkehr im Computerzeitalter beleuchten. Sprechende Roboter, die in der Rotunde im Erdgeschoss die Besucher begrüßen, jede Menge Stationen, die kommunizieren, im Keller eine magische Schatzkammer, dazu eine lichte und schöne Atmosphäre – das *Museum für Kommunikation* ist für Erwachsene interessant und für Kinder spannend.

Leipziger Straße 16 | Tel. (0 30) 20 29 40 | www.mfkberlin.de | Di 9–20, Mi–Fr 9–17,
Sa/So 10–18 Uhr | Kinder bis 18 Jahre frei, Erw. 4 € | U-Bahnhof Stadtmitte (U2, U6)

Theater & Musik

Analog erleben! Wenn sich der Vorhang hebt und sich von der Bühne herab ein Schauspiel oder ein Konzert in den Zuschauerraum ergießt, dann geschieht noch einmal etwas ganz anderes, als bei der noch so perfekten, digitalen Berieselung. Die Begegnung von Publikum und Darstellern im Theater, der spannungsreiche Moment einer musikalischen Darbietung, das sind magische Momente, die sich in Kinderherzen eingraben.

Tipp:
Mehr in Sachen Kinder und Bühne findet ihr unter **Mitmachangebote** (▶ Seite 65).

Theater an der Parkaue (Lichtenberg)

Vom *Rotkäppchen* bis zu *Nathan der Weise* – das größte staatliche Kindertheater bundesweit bietet ein umfangreiches Repertoire und Angebote für Kinder und Jugendliche aller Altersstufen. Professionelles Theater seit weit über sechzig Spielzeiten – gespielt wird auf mittlerweile drei Bühnen am Hauptstandort und in Außenstellen im *Prater* oder dem *Haus der Kulturen der Welt*. Drumherum gibt es ein pädagogisches Programm und Workshopangebote für Lehrer und Schulklassen, das die Annäherung an Theater als Kunstform unterstützt. In spielzeitbegleitenden Projekten sind die jungen Leute selbst eingeladen, Stücke zu entwickeln und die Bühne zu erobern.

Parkaue 29 | Tel. (0 30) 55 77 52-0 | www.parkaue.de | S-/U-Bahnhof Frankfurter Allee

Tipp:
Im gleichen Haus befindet sich das Puppentheater **Das Weite Theater**. Vielfach ausgezeichnet wird hier Puppenspiel für Kinder und Erwachsene auf höchstem Niveau geboten.
www.das-weite-theater.de

Schaubude (Prenzlauer Berg) 97

Puppen, Marionetten, Objekte – der Zauber des Figurentheaters liegt nicht nur in der kleinen Form und damit verbundenen, intimen Atmosphäre. Die Künstler dieses Theater-Nischenfachs gestalten auch stets eine erstaunliche Einheit aus Bühne und Darstellern. Seit 1993 wird in der *Schaubude* mit städtischer Förderung Figuren- und Puppentheater gespielt, nun unter neuer und junger Leitung. Gespielt werden nicht nur, aber auch klassische

Platz für anspruchsvolles Kindertheater ist auch in der kleinsten (Märchen-)Hütte.

Stücke, andere widmen sich den Alltagsfragen des Publikums mit einstelligem Alter. Vorstellungen für Erwachsene gibt es aber auch.

Greifswalder Straße 81–84 | Tel. (0 30) 4 23 43 14 | www.schaubude-berlin.de | S-Bahnhof Greifswalder Str.

Figurentheater am Treptower Park und Märchenjurte (Treptow) 98 3+

Das kleine, intime Theater mitten im Park ist Spielort von gleich neun verschiedenen Berliner Puppen- und Figurentheatern. Vom Handpuppenspiel bis hin zu projizierten Animationen reicht daher das abwechslungsreiche Angebot an die ganz jungen Theaterbesucher. Neben der Kunst der von Hand bewegten Bilder widmet man sich hier aber auch der Erzählkunst: Am Lagerfeuer im Theaterhof, in der urigen Jurte oder bei gemeinsamen Touren durch den Treptower Park werden aus Märchen und Geschichten weite Ausflüge ins Reich der Fantasie.

Figurentheater Grashüpfer | Puschkinallee 16a | Tel. (0 30) 53 69 51 50 | www.theater-grashuepfer.de | S-Bahnhof Treptower Park

Märchenhütte Berlin (Mitte)

Wenn es kalt wird, ist es Zeit, sich zusammenzukuscheln und Traditionen zu pflegen. Im Monbijoupark ist dies die Saison der *Märchenhütte* auf dem Bunkerdach, und darin widmen sich die Schauspieler der Kunst des Erzählens. Auftritt für den bösen Wolf, Frau Holle, den Froschkönig oder Rumpelstilzchen: Das Repertoire sind die Märchen der Gebrüder Grimm sowie auch die Märchen von unter anderem Hans Christian Andersen – tagsüber für die kleinen Besucher, abends für Erwachsene. Und wer vom Gruseln und Mitfiebern hungrig geworden ist – nebenan gibt es eine weitere Hütte, mit Pizzeria drin.

Auf dem Bunkerdach im Monbijoupark | Monbijoustraße 2 | Tel. (0 30) 2 88 86 69 99 |
www.maerchenhuette.de | S-Bahnhof Hackescher Markt

Grips Theater (Mitte)

Ein Theaterbetrieb mit Sendungsbewusstsein und langer Tradition: Die Auseinandersetzung mit den Lebenswelten der kleinen und gar nicht mehr so kleinen Zuschauer steht für Ensemble und Leitung des *Grips Theaters* ganz obenan. Volkstheater, Mut-Mach-Theater – das sind die Labels, die das Haus sich selbst gibt und deren Bedeutung in immer neuen Inszenierungen aktueller Stoffe und Uraufführungen ausgefüllt wird. Es geht mal um die Umwelt, mal um die Neonazis, aber auch mal um Don Quijote. Neben dem Hauptspielort am Hansaplatz laufen auch Stücke im *Podewil*. Auch für Erwachsene wird gespielt: Das Stück *Linie 1* läuft seit seiner Uraufführung bereits rund 30 Jahre lang.

Altonaer Straße 22 | Tel. (0 30) 39 74 74 77 |
www.grips-theater.de | U-Bahnhof Hansaplatz (U9)

> **Tipp:**
> Auf der Freilichtbühne in der **Zitadelle Spandau** wechseln sich den Sommer über das Berliner KinderTheater und das KinderMusikTheater ab. **www.freilichtbuehne-spandau.de**

Atze Musiktheater (Wedding)

Ein Steinway ist für junge Ohren nämlich gerade gut genug. Das *Atze Musiktheater* spielt im großen Saal mit knapp 500 Plätzen und mit anspruchsvoller Ausstattung. Das Ensemble erarbeitet ganz besondere Inszenierungen, bei denen das Theaterspiel mit Gesang und Musik eine einzigartige Verbindung eingeht. Das wurde mehrfach preisgekrönt und richtet sich speziell an Kinder von der ersten bis zur sechsten Klasse. Es ist in Berlin das einzige Musiktheater für diese Alters-

Tipp:
In der **Komischen Oper** laufen Kinderkonzerte für Hörer ab 4 Jahren und Kinderopern.
www.komische-oper-berlin.de

stufe. Zu den Stücken erscheinen Musik- und Hörspiel-CDs und auch Liederbücher. Kultur zum Mit-nach-Hause-Nehmen.

Luxemburger Straße 20 | Tel. (0 30) 81 79 91 88 | www.atzeberlin.de | U-Bahnhof Amrumer Str. (U9)

Theater Strahl (Schöneberg)

Für das junge Theaterpublikum ab 12 Jahre nimmt sich das Ensemble insbesondere Themen an, die mit der Lebenswirklichkeit der Teenager zu tun haben. Probleme des Anders-Seins, der Ausgrenzung, des Erwachsenwerdens und auch politische Themen werden aufgegriffen – und dafür teils auch klassische Stücke von Shakespeare oder Lessing neu inszeniert.

Doch so ernst muss es nicht immer sein: Speziell für die Tanzproduktionen expandiert das Theater gen Ostkreuz, und sowohl die Beatbox-Inszenierung *Klasse* als auch das interaktive Format *Spaaaß* sind für den *IKARUS Preis* nominiert worden.

Die Weiße Rose + Open-Air-Bühne | Martin-Luther-Straße 77 | Tel. (0 30) 69 59 92 22 | www.theater-strahl.de | U-Bahnhof Bayerischer Platz (U4, U7)

Puppentheatermuseum (Neukölln)

Museum und Puppentheater in einem: Der Sammlungsbestand des *Puppentheaters Neukölln* wächst seit den 1970er Jahren auf mittlerweile rund 25 000 Objekte, im Stadtraum verteilt auf viele Lager. Unter den fantastischen Figuren sind Handpuppen, Stabfiguren, Marionetten, Schattentheater- oder spezielle Trickfiguren. Es werden wechselnde Sonderausstellungen gezeigt, diese können Kinder in Führungen erleben – besonders mutige bei der Taschenlampenführung. Und natürlich wird im Haus auch täglich Puppentheater gespielt, mit einfachen Stücken auch für die ganz Kleinen – an den Kindernachmittagen gibt es Führung, Märchenerzählung und Puppentheater für die ganze Familie.

Karl-Marx-Straße 135 | Tel. (0 30) 6 87 81 32 | www.puppentheater-museum.de | Mo–Fr 9–15, So 11–16 Uhr | Kinder 3 €, Erw. 3,50 € | U-Bahnhof Karl-Marx-Str. (U7)

Junge Deutsche Oper (Charlottenburg)

Kaum ist das Baby auf der Welt, darf es auch schon in die Oper. Ja, wirklich: Es kann dort ein besonderes Konzert für Kinder zwischen null und

Die Junge Deutsche Oper führt Kinder von klein auf an das Musiktheater heran

zwei Jahren besuchen. An der *Deutschen Oper* ist wirklich viel los, was Kinder und Jugendliche jeglichen Alters und auch die ganze Familie an das Musiktheater heranführt. Für Kleinkinder, Kitakinder, Grundschulkinder, größere Kinder und auch für den Ernst des Lebens der Teenagerjahre – kein Thema, was sich nicht für Gesang und Bühne bearbeiten ließe.

Bismarckstraße 35 | Tel. (0 39) 34 38 43 43 | www.deutscheoperberlin.de | U-Bahnhof Deutsche Oper (U2)

Jugend- und Familienkonzerte des JugendKulturService

Einen Überblick über die vielfältigen Möglichkeiten, der klassischen Musik nicht nur näher zu kommen, sondern auch noch einige der in Berlin ansässigen und international höchst bedeutenden Orchester spielen zu hören, bietet der *JugendKulturService*. Tickets können online besonders günstig bezogen werden. Und dann geht es los zu den Berliner Philharmonikern, dem Deutschen Symphonie-Orchester Berlin oder zu den Berliner Symphonikern. Bei manchen Konzerten des Konzerthausorchesters dürfen Jugendliche mit auf der Bühne sitzen, und zum Jazztreff kommt man durch die Jugendkonzerte auch.

www.jugendkulturservice.de | Tickets 4–14 €

Tipp:
Für Jugendliche ab 14 Jahren gibt es das **berlinerjugendabo**: sechs Konzertabende bei den sechs großen Berliner Orchestern inklusive Einführung und Moderation für insgesamt 36 €.

Kino für Kinder

Große Leinwand, große Kinderaugen. Natürlich ist ein Kinoerlebnis in einem der modernen Multiplex-Kinos ein eindrückliches Erlebnis für die ganze Familie. Beim Boom der 3-D- und Trickfilme ist auch stets ein Blockbuster im Programm, über den die ganze Kita spricht. Aber auch die zahlreichen Berliner Kiezkinos haben einiges zu bieten.

Cineplex KinderClub (Wedding, Neukölln u. a.)

Info:

weitere
Cineplex-Kinos
in Spandau,
Steglitz, Friedenau und Falkensee.

In den sieben Berliner Cineplex-Kinos gibt es den *KinderClub*. Mit einer kostenlosen Mitgliedschaft bekommen die jungen Cineasten ein Kinder-Programmheft, Ermäßigungen beim JuniorMenü und den Kinder-Eintrittspreis für die ganze Familie sonntags vor 17 Uhr. Dazu gibt es freien Eintritt am Geburtstag beim *Legoland*, dem *AquaDom* und dem *Filmpark Babelsberg*.

www.cineplex-kinder-club.de | 4,50–5,50 €

Cineplex Alhambra | Seestraße 94 | U-Bahnhof Seestr. (U6)

Cineplex Neukölln | Karl-Marx-Str. 66 | U-Bahnhof Rathaus Neukölln (U7)

Spatzenkino

Die Initiative des *Spatzenkinos*, seit einigen Jahren unter den Fittichen des *JugendKulturService*, führt die ganz kleinen Kinobesucher vorwiegend mit Zeichen- und Puppentrickfilmen an die große Leinwand heran. Ruhige Erzählführung, auf jeden Fall ein Happy End und Bastelmaterialien zur kindgerechten Verarbeitung des Gesehenen tragen dazu bei. In rund 20 Kinos in der ganzen Stadt finden an Werktagen vormittags die Vorstellungen statt, die etwa eine dreiviertel Stunde dauern und aus jeweils zwei bis drei Filmen bestehen, die thematisch zueinander passen.

www.spatzenkino.de

Kinderkinobüro

Die Initiative des *JugendKulturService* für Kinder, die dem Spatzenkino entwachsen sind, ist das *Kinderkinobüro*. Jeden Monat wird ein Film für Kinder im Grundschulalter in rund 20 verschiedenen Berliner Kinos jeweils am frühen Nachmittag gezeigt. Darunter sowohl Trickfilme als auch Kin-

der-Spielfilme. Die pädagogisch betreute
Auswahl sorgt sowohl für kindgerechten
Kinospaß als auch für einen günstigen
Eintrittspreis. Eine Ergänzung dazu ist
das Schulkino mit mediendidaktischem
Begleitmaterial: Für Schüler von der 5. bis
zur 12. Klasse organisiert das *Kinderkinobüro*
auch Vorstellungen für die ganze Klasse.

Tel. (030) 23 55 62 51 | www.kinderkinobuero.de |
Eintritt bis 3 €, Gruppen ab 4 Personen 2 €

Tipp:
Das **Mondlichtfest** zum Ende
der Sommerferien im Freiluft-
theater Friedrichshain bietet
ab nachmittags viel Spiel,
Show und Action und bei
Einbruch der Dunkelheit
Open-Air-Kino.

Kinderkino im Kino Central (Mitte) und Moviemento (Kreuzberg) `106`

Kinderkino jeden Tag: Das *Kinderkino* bietet in zwei Berliner Kinos einen
monatlich wechselnden Kinderfilm in familienfreundlicher Atmosphäre zu
festen Spielzeiten an. Neben diesen Filmen gibt es noch ein ganzes Repertoire aus Evergreens des Kinderfilms, zu denen es pädagogisches Begleitmaterial gibt und die für Gruppenaufführungen gebucht werden können.
Eine schöne Idee vielleicht auch für den nächsten Kindergeburtstag.

www.kinderkinoberlin.de | Eintritt 5 €, Gruppen 3 € pro Person
Central | Rosenthaler Straße 39 | Tel. (0 30) 28 59 99 73 | www.kino-central.de |
Kinderkino tgl 14.30 Uhr | S-Bahnhof Hackescher Markt
Moviemento | Kottbusser Damm 22 | Tel. (0 30) 6 92 47 85 | www.moviemento.de |
Kinderkino tgl. 10.15 und 16.15 Uhr | U-Bahnhof Schönleinstr. (U8)

Kinderwagenkino (Mitte) `107`

Damit auch junge Eltern auf dem Laufenden bleiben, was aktuelle Kultur-
ereignisse angeht: Im Kino *Babylon* laufen wöchentlich relativ aktuelle Filme speziell für Säuglingseltern. Der Kinderwagen
darf mit in den Saal, die Lautstärke bleibt gedämpft
und ein wenig Licht erlaubt den sorgenden
Seitenblick auf den jüngsten Begleiter; Wickeltisch gibt's auch. Etwas gewöhnungs-
bedürftig bleibt nur, elf Uhr am Mittwochvormittag als Prime Time zu akzeptieren.

Babylon | Rosa-Luxemburg-Straße 30 |
Tel. (0 30) 2 42 59 69 | www.babylonberlin.de |
8 € | U-Bahnhof Rosa-Luxemburg-Platz (U2)

Tipp:
Im **MACHmitMuseum**
(▶ Seite 79) gibt es je-
weils samstags um 18.30 Uhr
Kinderkino – mit Rücksicht auf
Kinder, die im Sehen oder Hören
eingeschränkt sind.
www.machmitmuseum.de

Bücher für Kinder

Die magische Welt der geschriebenen und gezeichneten Geschichten, der Märchen und Erzählungen begeistert eigentlich jedes Kind. Zum einen macht das großen Spaß, zum anderen wird schon durch Bilderbücher und kleine Geschichten der Grundstein zum Lesenlernen gelegt.

● **Bibliotheken**

Kinder- und Jugendbibliothek (Kreuzberg) 108

60 000 Bücher, Filme oder Spiele warten in der Kinder- und Jugendbibliothek der Zentral- und Landesbibliothek darauf, aufgeschlagen, angesehen und ausprobiert zu werden. Ein Treffpunkt für Kinder und Jugendliche mit einem kontinuierlichen Angebot an Lese- oder Bastelworkshops.

Interessant für Nostalgiker mit Ost-Herkunft: In der Kijubi ist der Sammlungsbestand der DDR-Kinder- und Jugendbücher zugänglich – eine Fundgrube auch für Fans guter Illustration. Weitere Sammlungsteile widmen sich Pop-Up-Büchern und Comics. Außerdem gibt es besondere Angebote für Kinder mit eingeschränktem Hörvermögen.

Blücherplatz 1 | Tel. (0 30) 9 02 26-103 | www.zlb.de | Mo–Fr 13–19, Sa 10–19 Uhr | U-Bahnhof Hallesches Tor (U1, U6)

Tipp:
Eltern dreijähriger Kinder können sich in einigen Stadtbibliotheken ein **kostenloses Leseset** abholen. Mehr dazu unter **www.lesestart.de**

Helene-Nathan-Bibliothek (Neukölln) 109

Oft quirliges Treiben im vierten Obergeschoss der Neukölln-Arcaden. Rund um den großen Plüschsaurier ist es hell und licht, trotzdem finden sich ruhige Leseecken. Neben Büchern gibt es auch hier Filme, Spiele, WLAN und Computer. Nachmittags von 15 bis 19 Uhr wird eine Hausaufgabenbetreuung angeboten; donnerstags um 16 Uhr ist Vorlesestunde für Kinder von vier bis zwölf Jahren.

Karl-Marx-Straße 66 | Tel. (0 30) 9 02 39-4345 | www.stadtbibliothek-neukoelln.de | Mo–Fr 11–20, Sa 10–13 Uhr | U-Bahnhof Rathaus Neukölln (U7)

Bibliothek am Wasserturm (Prenzlauer Berg) 110

Direkt gegenüber dem alten Wasserturm befindet sich der Standort des Bezirksamts Pankow mit Museum, Archiv, Volkshochschule und eben auch der

Stadtbibliothek. Während es hier für die Kleinen Bücher, Hörspiele, Filme und Brettspiele gibt (und außerdem je einmal im Monat ein Sprachkarussell für mehrsprachig aufwachsende Kinder angeboten wird), lockt die Jugendabteilung ihr Publikum mit offenem WLAN, Wii-Spielen zum Ausleihen – und auch mit einem großen Bestand an Lern- und Lektürehilfen für Hausaufgaben und Prüfungsvorbereitung. Erwachsene werden im hinteren Bereich der Bibliothek fündig: Dort wartet neben einer umfangreiche Büchersammlung auch eine gut sortierte Mediathek.

Kultur- und Bildungszentrum Sebastian Haffner | Prenzlauer Allee 227–228 |
Tel. (0 30) 9 02 95-3936 | Mo/Di/Do 13–19, Mi/Fr 11–17 Uhr | U-Bahnhof Senefelderplatz (U2)

Tipp:
Die **Bestände aller Bibliotheken** durchsuchen unter **www.voebb.de.**

Schiller-Bibliothek (Wedding) 111

Nach über zwei Jahren Bauzeit hat der Kiez an der Müllerstraße eine nigelnagelneue Bibliothek mit 1 800 Quadratmetern Fläche bekommen. Hier gibt es neben einer klassischen Kinderbibliothek im Erdgeschoss eine komplette Jugendmedienetage (ab 13 Jahren) mit offenem WLAN, 76 Computer-Arbeitsplätzen, mit Streaming- und E-book-Angeboten und auch mit Spielkonsolen. Falls die Jugendlichen des Spielens müde werden sollten, sind gemütliche Leseecken an den Panoramafenstern eingerichtet.

Müllerstraße 149 | Tel. (0 30) 9 01 84 56 83 | Mo–Fr 10–19.30, Sa 10–14 Uhr |
U-Bahnhof Leopoldplatz (U6, U9)

Die Bibliothek am Wasserturm hat einen gemütlichen Kinderbereich eingerichtet

Pablo-Neruda-Bibliothek (Friedrichshain) 112

Bezirkszentralbibliothek mit 100 000 Medien auf vier Etagen in einer umgebauten Schule – und im ersten Obergeschoss lockt eine große Kinderabteilung. Auch Spiele, CDs und DVDs. Außerdem gibt es im Haus eine Musikbibliothek und eine Artothek. Im Erdgeschoss verpflegt ein Lesecafé (das leider öfters mal einen neuen Betreiber sucht). Zur Bibliothek gehört außerdem eine kleine Grünanlage mit Liegebänken.

Frankfurter Allee 14a | Tel. (0 30) 90 29 85 75-0 | Mo–Do 10–19, Fr 10–17, Sa 11–16 Uhr | U-Bahnhof Frankfurter Tor (U5)

● Buchhandlungen

mondo azul (Prenzlauer Berg) 113

Das Besondere an diesem hübschen Laden ist seine buchstäbliche Vielseitigkeit: Das Sortiment ist auf bilinguale Familien spezialisiert, neben deutschen Kinderbüchern gibt es hier auch solche in englischer, französischer, italienischer und spanischer Sprache. Zu einem wahren Begegnungsort mehrsprachiger Familien wird der Laden durch sein Veranstaltungsprogramm: Lesungen (darunter besondere Schätze der internationalen Kinderliteratur), Konzerte und Workshops.

Choriner Straße 49 | Tel. (0 30) 49 85 38 34 | www.mundoazul.de | Mo 10–18, Di–Fr 10–19, Sa 10–16 Uhr | U-Bahnhof Eberswalder Str. (U2)

Buchbox (Prenzlauer Berg & Friedrichshain) 114

In mittlerweile drei Läden im Prenzlauer Berg und einem im Friedrichshain setzen die Inhaber der *Buchbox* ihr besonderes Konzept um: Mit dem Umsatz aus den Buchhandlungen unterstützen sie Projekte zur Leseförderung und Kiezkultur und kooperieren mit Kitas und Schulen. Klar, dass die Kinderliteratur und ihre jungen Leser in den Geschäften auch besonders präsentiert und angesprochen werden. Das Sortiment ist so arrangiert, dass es auch aus der Sichthöhe der Kleinen zugänglich und informativ ist.

Tipp:
In der **Buchbox** am Helmholzplatz (Lettestr. 5) ist das vegane Restaurant **Vegan Tiger** mit ansässig (tgl. 9–19 Uhr).

www.buchboxberlin.de | jeweils Mo–Sa 9.30–20.30 Uhr
Kastanienallee 88 | Tel. (0 30) 40 50 02 35 |
Lettestraße 5 | Tel. (0 30) 43 65 90 91 |
Greifswalder Straße 33 | Tel. (0 30) 42 80 32 45 |
Grünberger Straße 68 | Tel. (0 30) 20 07 82 43

BuchSegler (Pankow) (115)

Eine weitere Schatzkiste für Kinderbücher befindet sich im Florakiez. Bei der sorgfältigen Auswahl der aktuellen Neuerscheinungen finden lokale Kinderbuchillustratoren besondere Beachtung. Ganz regelmäßig finden Lesungen und Veranstaltungen für die junge Leserschaft statt, an Kitas und Grundschulen werden Bücherkoffer verliehen und statt einem einzelnen Buch kann man einer Leseratte hier gleich ein ganzes Bücherabo schenken. Das ganze Konzept wurde mit dem *Gütesiegel Leseförderung* bedacht und vom ajv-Kinderbuchhandlungspreis ausgezeichnet.

Florastraße 88/89 | Tel. (0 30) 43 72 41 20 | www.buchsegler.de |
Mo–Fr 10–18, Sa 10–13 Uhr | S-Bahnhof Wollankstr.

Tipp:
Für Kinderbücher gilt natürlich dasselbe wie für Erwachsenenbücher: Die größte Auswahl gibt es im **Berliner Kulturkaufhaus Dussmann** (www.kulturkaufhaus.de).

Libelle (Friedrichshain) (116)

Sehr schöner und gut sortierter Kinderbuch- und Spielzeugladen im Samariterkiez mit kompetenter Beratung. Die Inhaberinnen haben ihre Leidenschaft für Kinder und Bücher zu ihrem Beruf gemacht.

Bänschstraße 44 | Tel. (0 30) 41 72 49 96 | www.libelle-kinderland.de |
Mo–Fr 9.30–18, Sa 10–14 Uhr | U-Bahnhof Samariterstr. (U5)

Purzelbuch (Schöneberg) (117)

In diesem außergewöhnlichen Buchgeschäft werden aus Leseratten keine Bewegungsmuffel: Der Name verrät es, Purzelbäume schlagen kann man hier nämlich auch. An den Buchladen mit reichem Kinderbuchsortiment schließt ein Gymnastikraum an. Hier dürfen zwar auch die Großen Kurse belegen, zum Beispiel in Pilates oder auch in Erster Hilfe am Kind. Doch vor allem gibt es für die Kinder Spielzeiten, Krabbelgruppen, Kinderturnen und Tanzkurse. Und wenn man dann so richtig ausgetobt ist? Ja, dann ist ein Buch zum Ausruhen wieder genau das Richtige.

Belziger Straße 53 | Tel. (0 30) 78 89 29 29 |
www.purzelbuch.de | Mo–Fr 10–18.30, Sa 10–16 Uhr |
U-Bahnhof Eisenacher Str. (U7)

Tipp:
Kinderbücher in rund 50 Sprachen gibt's auch im Internet: Die Berliner Buchhandlung **Le Matou** verkauft online und auf Bücherfesten. **www.le-matou.de**

fez & Wuhlheide

Im Kinder-, Jugend- und Erholungszentrum FEZ sorgt ein breites Spektrum an Angeboten und Veranstaltungen dafür, dass die Kinder sich prächtig unterhalten fühlen. Und im Park Wuhlheide gibt es noch mehr Attraktionen.

FEZ
FEZ-Berlin

Es gibt viel Platz für alles: Mit 200 000 Quadratmetern nimmt das *FEZ* einen großen Teils des Waldparks *Wuhlheide* ein. Tatsächlich ist es die größte gemeinnützige Freizeiteinrichtung Europas für Kinder und Jugendliche. Allein auf den 13 000 Quadratmetern des Hauptgebäudes erwarten die kleinen Besucher verschiedene Bühnen, Konzertsäle, ein Schwimmbad, Werkstätten, Studios, Seminarräume und viel mehr. Das Gebäude selbst und viele der Einrichtungen gehen zurück auf die in den 1950er Jahren gegründete „Pionierrepublik Ernst Thälmann".

Straße zum FEZ 2 |
www.fez-berlin.de | tgl. ab 10 Uhr |
Tram bis Freizeit- und Erholungszentrum

FEZitty

In den Schulferien verwandelt sich das Gelände jeweils in eine andere Welt, in die die Kinder eintauchen können. In den Sommerferien ist es die *FEZitty*, eine funktionierende Stadt, in der die jungen Einwohner spielend regieren, arbeiten, handeln, ihr eigenes Geld verdienen und so die Funktionsweisen der Gesellschaft ergründen und gestalten können.

Raumfahrtzentrum orbitall

Und wer, wenn er einmal groß ist, Astronaut werden möchte, kann rund ums Jahr im Raumfahrtzentrum Erfahrungen sammeln. Im *orbitall* trainieren junge Besucher wie echte Raumfahrer in futuristischem Ambiente und mit modernster Technik. Zu sehen gibt es zum Beispiel Originalgegenstände aus der Raumfahrt und Modelle verschiedener Trägerraketen. Trainingshalle, Flugleitzentrum und zwei Raumschiffe ermöglichen das Abenteuer einer Flugmission.

Tel. (0 30) 53 07 15 36 | www.orbitall.fez-berlin.de | 2 €, Familienticket 6,50 €

Alice-Museum für Kinder

Das Museum trägt den Namen von Lewis Carrolls Hauptfigur mit Absicht: Kindliche Neugier wird hier gefördert und gesellschaftlich relevante Themen sind für Kinder interessant aufbereitet. Wie funktioniert die Wirtschaft, wie das Arbeitsleben, was war die DDR? Alles darf man anfassen, mitmachen ist erlaubt, das Lernen soll Spaß machen.

Tel. (0 30) 53 07 13 33 | www.alice-museum-fuer-kinder.fez-berlin.de |

● Wuhlheide
Parkeisenbahn

In der Wuhlheide verkehrt in den Ferien und an Wochenenden auch die Parkeisenbahn. Historische Lokomotiven und Züge befördern kleine und große Passagiere rundherum durch den Park. Das Streckennetz von 7,5 Kilometern reicht bis zum S-Bahnhof Wuhlheide und kann auch zum Erreichen des *FEZ* genutzt werden – je nach Fahrplan.

Tel. (0 30) 53 89 26-60 | www.parkeisenbahn.de | ab 1,50 € pro Fahrt

Modellpark Berlin-Brandenburg

Ebenfalls in der Wuhlheide, aber außerhalb des *FEZ*, befindet sich Berlin als begehbares Spielzeugdorf: Der *Modellpark Berlin-Brandenburg* zeigt etwa 80 Modelle Berliner und Brandenburger Bauwerke im Maßstab 1:25. Jüngstes Bauwerk ist die Zitadelle Spandau, es wird weiter gebaut. Der ganze Park ist außerdem ein Modell der Region.

An der Wuhlheide 81 | Tel. (0 30) 36 44 60 19 | www.modellparkberlin.de | Apr.–Sep. 10–18 Uhr, Okt. 10–17 Uhr | Kinder ab 6 Jahre 2,50 €, Erw. 4,50 € | Tram bis Hegemeisterweg

Berlin erleben

Sightseeing mit Kindern kann, muss aber gar nicht anstrengend sein. Und neue Perspektiven auf Altbekanntes machen auch den Eltern Spaß.

Herzlich willkommen in Berlin. Egal, ob man zu Besuch ist oder schon länger beziehungsweise immer hier lebt, die klassischen Highlights der Stadt bieten immer wieder tolle Ansichten. Um aber die halbwüchsigen Begleiter nicht mit langweiligem Sightseeing zu verdrießen, gibt es viele Möglichkeiten, einen Tag mit historischem Hintergrund abwechslungsreich und mit viel Spiel und Bewegung zu gestalten. Das ist auch für die Großen eine Gelegenheit zum Perspektivwechsel.

Sightseeing – Berlins Highlights

Mit Kids im Gepäck etwas von den klassischen Sehenswürdigkeiten mitzunehmen, sollte kein Problem sein – mit etwas Action macht das Angucken alter Steine doch auch den Erwachsenen mehr Spaß. Kleiner Tipp: Die Buslinien 100 und 200 fahren vom Alexanderplatz bis zum Bahnhof Zoo – vorbei an allen wesentlichen Sehenswürdigkeiten der Berliner Mitte.

● **Berlin-Highlights**

Brandenburger Tor (Mitte) 118

Die absoluten Must-Sees Berlins liegen im Zentrum nahe beieinander. Und während die erwachsenen Mitreisenden das Brandenburger Tor und den nach der Wende wieder aufgebauten Pariser Platz samt *Liebermann-Haus,* Französischer Botschaft, *Akademie der Künste* und *Hotel Adlon* unter kulturhistorischen Gesichtspunkten betrachten mögen, sind die Kinder hier bestens unterhalten. Bestimmt sind mehrere Gaukler vor Ort, die jonglieren, Feuer spucken oder Riesenseifenblasen machen. Mindestens zwei menschliche Skulpturen sind eigentlich rund um die Uhr zu bestaunen, ein- bis zwei Musikkapellen sorgen für Geschlossenheit im Hintergrundgetöse und bei all dem Trubel muss man nur noch darauf achten, dass der Nachwuchs weder unter die Räder einer Pferdedroschke, noch unter die eines Junggesellenabschieds auf einem Mehrpersonenfahrrad gerät. Ein bisschen

Das Brandenburger Tor ist Berliner Geschichte zum Anfassen

Kleingeld für die aufgestellten Hüte sei empfohlen. Fürs leibliche Wohl sorgen ein Kiosk und das *Café Einstein* Unter den Linden 42.

Pariser Platz | S-/U-Bahnhof Brandenburger Tor

Holocaust-Mahnmal (Mitte) **119**

Hinter der *Akademie der Künste* liegt das berühmte Stelenfeld, das *Holocaust-Mahnmal*. Es ist natürlich definitiv kein Spielplatz, nichtsdestotrotz lässt sich der Unterhaltungswert für Klein und Groß nicht abstreiten. Das Raster aus welligen Wegen zwischen all den Betonstelen symbolisiert die Verlorenheit und Unsicherheit inmitten der Gesellschaft, die durch Diskriminierung entsteht. Achtung, das funktioniert auch: Ein Kind, das ungestüm im Stelenfeld ein paar Mal abgebogen ist, ist tatsächlich nur schwer wieder zu finden. Damit es keine Tränen gibt, bitte zusammen bleiben. Rennen, auf die Stelen klettern, über die Stelen springen: alles nicht gestattet, aus Respekt vor den ermordeten Menschen, denen hier gedacht wird. Über die Hintergründe des Holocausts informiert die Dauerausstellung im Ort der Information unter dem Stelenfeld.

Denkmal für die ermordeten Juden Europas und Ort der Information | Cora-Berliner-Straße 1 | www.stiftung-denkmal.de | Apr.–Sep. Di–So 10–20 Uhr, Okt.–März Di–So 10–19 Uhr | Eintritt frei | S-/U-Bahnhof Brandenburger Tor

Reichstag (Tiergarten) **120**

Vom Brandenburger Tor aus in die andere Richtung geht es zum Regierungsviertel und zum Reichstag. Dass das die Gebäude sind, von denen aus das ganze Land regiert wird, das interessiert durchaus schon die Jüngeren. Unterhaltungswert erhält der Besuch durch einen erneuten Aussichtspunkt: Die gläserne Kuppel des Reichstagsgebäudes ist zu besuchen. Zum spektakulären Blick über die Stadt erfreut auch ein Blick von oben in den Sitzungssaal. Der Eintritt ist frei, eine Anmeldung ist aber erforderlich. Das funktioniert online oder vor Ort im Besucherzentrum.

Platz der Republik 1 | Besucherzentrum Tel. (0 30) 22 73 21 52 | www.bundestag.de | tgl. 8–20 Uhr, Nov–März bis 18 Uhr; Kuppel bis 24 Uhr geöffnet, Voranmeldung online, per Fax oder Post | Eintritt frei | U-Bahnhof Bundestag (U55)

> **Tipp:**
> Genug Trubel? Dann hilft die Flucht nach vorne. Westlich des Brandenburger Tors erstreckt sich der herrliche **Tiergarten**. Einen tollen Spielplatz gibt es gegenüber dem Haus der Kulturen der Welt. Und im südlichen Teil lockt das **Café am Neuen See** (▶ Seite 15).

Schlossbaustelle (Mitte) 121

Gegenüber der Museumsinsel wird das Berliner Schloss wieder aufgebaut. Angelehnt an die historische Fassade, im Inneren mit einem noch nicht ganz geklärten Ausstellungskonzept bespielt, wird es dann allerdings *Humboldt-Forum* heißen. Dann – wenn es fertig ist. Nach aktueller Planung dürfte es im Jahr 2019 soweit sein. Bis dahin ist es eine große Baustelle – und damit für den Nachwuchs wahrscheinlich erst einmal interessanter als später. Kräne, Gerüste, Röhren, Baugerät – es gibt eine Menge zu sehen. Nach telefonischer Absprache können Kinder ab 14 Jahren auch an einer Baustellenführung teilnehmen.

Das Schloss im Bau überragt zwar bereits die Aussichtsplattform der *Humboldt-Box*, trotzdem macht das Gucken aus luftiger Höhe natürlich besonders viel Spaß.

Humboldt-Box | Schlossplatz 5 | Tel. (0 18 05) 03 07 07 | www.humboldt-box.com | tgl. 10–19 Uhr | Eintritt frei | Bus 100 und 200 bis Lustgarten

Die Berliner Mauer
Die Mauer 122

Dass durch Deutschland früher eine Mauer verlief, dass man dort nicht unbedingt durchkam, dass sich das Leben auf beiden Seiten eklatant unterschied und dass deswegen vielleicht Oma oder Onkel in einem anderen Landesteil lebten oder sogar Mama und Papa sich ohne Mauerfall nie begegnet wären – das ist für die nächste und übernächste Generation schwer vorstellbar. Die Mauer kann man am besten erklären, indem man sie besucht. Ein Spaziergang entlang der *East-Side-Gallery* führt sie direkt vor Augen: Hier sieht man ein richtig langes Mauerstück, allerdings wirkt es durch die künstlerische Bearbeitung freundlich bis harmlos.

Wie das mit dem Todesstreifen wirklich war, zeigt die *Gedenkstätte Berliner Mauer*, das Dokumentationszentrum richtet auch extra Angebote an Kinder. Und für den ausführlichen Ausflug gibt es den Berliner Mauerweg, er führt entlang des ehemaligen Mauerverlaufs 160 Kilometer weit um Berlin herum und durch die Stadt hindurch und eignet sich besonders für Radtouren (▶ Seite 140).

East-Side-Gallery | Mühlenstraße | www.eastsidegallery-berlin.de | S-Bahnhof Ostbahnhof
Gedenkstätte Berliner Mauer | Bernauer Straße 111 | Tel. (0 30) 4 67 98 66 66 |
www.berliner-mauer-gedenkstaette.de | tgl. 8–22 Uhr, Besucherzentrum Di–So 10–18 Uhr |
U-Bahnhof Bernauer Str. (U8)

Der Trubel am Checkpoint Charlie fasziniert auch Kinder.

Checkpoint Charlie (Kreuzberg) 123

Der legendäre Kontrollpunkt, Grenzübergang vom Amerikanischen Sektor nach Ostberlin – hier steht heute ein Nachbau des ehemaligen US-amerikanischen Kontrollhäuschens, vor dem Schauspielstudenten in US-Uniformen posieren. Drumherum jede Menge Trubel, Kioske, Souvenirverkäufer. Damit nicht in Vergessenheit gerät, dass dieser Ort Schauplatz spektakulärer Fluchten war, sei der Abstecher ins Museum empfohlen. Dort gibt es eine Fülle von Anschauungsmaterial, das über das gesamte Teilungsproblem informiert. Gleich nebenan befindet sich eine Open-Air-Ausstellung zum Kalten Krieg und das Mauer-Panorama des Künstlers Yadegar Asisi, das den Blick über die Grenzanlagen nacherleben lässt.

Mauermuseum | Friedrichstraße 43–45 | Tel. (0 30) 2 53 72 50 | www.mauermuseum.de | tgl. 9–22 Uhr | Kinder 6,50 €, Erw. 12,50 €, erm. 9,50 € | U-Bahnhof Kochstraße (U6)

Asisi Panorama Berlin | Friedrichstraße 205 | Tel. (03 41) 35 55 34-0 | www.asisi.de | tgl. 10–18 Uhr | Kinder 4 €, Erw. 10 €, Familien 27 € | U-Bahnhof Kochstraße (U6)

DDR-Spezial

Tränenpalast (Mitte)

Kinder, die im grenzoffenen Europa aufwachsen und urlauben, können es sich nicht mehr vorstellen, was so eine Grenzkontrolle bedeutet hat. Der *Tränenpalast* am S-Bahnhof Friedrichstraße, die Abfertigungshalle für die Ausreise von Ost- nach West-Berlin, beherbergt heute eine Ausstellung der bundeseigenen *Stiftung Haus der Geschichte,* die sich am Originalschauplatz dem Kontrollprozedere der Ein- und Ausreise, den Einzelschicksalen und Fluchtversuchen widmet. Eindrucksvoll.

Reichstagufer 17 | Tel. (0 30) 46 77 77 90 | www.hdg.de | Di–Fr 9–19, Sa/So 10–18 Uhr | Eintritt frei | S-/U-Bahnhof Friedrichstraße

Museum in der Kulturbrauerei (Prenzlauer Berg) 125

Auch hier ist der DDR-Alltag Thema: In der Dauerausstellung finden sich vom Kunstobjekt bis zum Trabi-Dachzelt, von der Zeitschrift bis zum typischen Arbeitsplatz unzählige Gegenstände aus der Lebenswirklichkeit der ehemaligen DDR. Ein besonderes Augenmerk liegt auf der offensichtlichen und unterschwelligen Propaganda und psychologischen Einflussnahme im DDR-Alltag.

Knaackstraße 97 | Tel. (0 30) 46 77 77 90 | www.hdg.de | Di–So 10–18, Do bis 20 Uhr | Eintritt frei | U-Bahnhof Eberswalder Straße (U2)

Das DDR Museum bietet Einblick in die Alltagswelt einer vergangenen Zeit

DDR Museum (Mitte) 126

Hier ist der DDR-Alltag in Schubfächer geräumt worden, insofern birgt die Entdeckungsreise durch die Alltagsgegenstände des versunkenen Landes jede Menge Spielfreude. Alles darf man aufmachen und anfassen und findet dabei Ostalgie. Ja, es ist lustig, im Trabi-Simulator zu fahren und „Wink-Elemente" anzukurbeln. Im zweiten Teil der Ausstellung, die sich der politischen Drangsalierung widmet, wirkt es dann eher beklemmend, wenn die Diktatorenpuppen auf Knopfdruck die Faust heben.

Karl-Liebknecht-Straße 1 | Tel. (0 30) 8 47 12 37 31 | www.ddr-museum.de | tgl. 10–20 Uhr, Sa bis 22 Uhr | Kinder 4 €, Erw. 7 €, online günstiger | S-Bahnhof Hackescher Markt

● Weitere Sehenswürdigkeiten

Zitadelle Spandau

Ein Ausflug für kleine Ritter und Burgfräulein. Hier warten dicke Mauern, Wassergraben, Zugbrücke, Burgfried, Pulverkeller, Goldschatz, Gespenst und eine Prise Vampirismus. Was es nicht zu sehen gibt, gibt es zu erzählen.

Detaillierten Aufschluss über die Burg- und Stadtgeschichte geben die beiden Museen. Doch die Burg ist auch auf der Höhe der Zeit. Verschiedene Einrichtungen fördern und fordern Kinder und Jugendliche, es gibt ein Theater, im Sommer Freiluftveranstaltungen und Open-Air-Kino.

Am Juliusturm | Tel. (0 30) 35 49 44-0 | www.zitadelle-spandau.de | tgl. 10–17 Uhr | U-Bahnhof Zitadelle (U7)

> **Tipp:**
> In der **Zita-dellen-Schänke** im Pulverkeller der Burg gibt's Mittelalter-Gerichte und -Zeremonien.
> **www.zitadellen-schaenke.de**

Deutscher Dom (Mitte) 127

Die Ausstellung für das etwas ältere Kind. Im historischen Gebäude des deutschen Bundestags wird die Geschichte des Parlaments anschaulich dargestellt und auch mit Filmen bebildert. Der Ausstellungsparcours schwingt sich im Innern des Turms beeindruckend und spiralförmig in die Höhe, es finden halbstündlich offene Führungen in mehreren Sprachen statt. Höhepunkt ist ein Miniatur-Plenarsaal mit originalen Requisiten. Hier wird donnerstags tatsächlich getagt, und Jugendliche ab 14 Jahren können sich für einen Sitz im Mini-Parlament anmelden und teilnehmen.

Gendarmenmarkt 1 | www.bundestag.de | Di–So 10–18 Uhr, Mai–Sep. 10–19 Uhr | tgl. 14 Uhr Dokumentarfilm im Kinosaal | Eintritt frei | U-Bahnhof Stadtmitte (U2, U6)

Anne Frank Zentrum (Mitte) 128

Tipp:
Im selben
Hof befinden
sich auch noch die
Gedenkstätten **Stil-
le Helden** sowie die
**Blindenwerkstatt
Otto Weidt.** Der
Eintritt ist je-
weils frei.

In Berlin gibt es natürlich eine ganze Reihe von Dokumentationsstätten und Museen, die sich dem Nationalsozialismus und dem Zweitem Weltkrieg widmen. Auch mit Kindern und Jugendlichen sollte man diese Themen angehen, doch muss man natürlich die Zugänglichkeit und Verkraftbarkeit abwägen.

Das *Anne Frank Zentrum* eignet sich besonders für junge Leute, die das Tagebuch bereits gelesen haben. Anhand der Ausstellung, vieler Fotografien und Dokumente, kann man gemeinsam noch einmal tief in das Schicksal der Familie Frank eintauchen und über das sogenannte „Dritte Reich" sprechen.

Rosenthaler Straße 39 | Tel. (0 30) 2 88 86 56 10 | www.annefrank.de | Di-So 10-18 Uhr | S-Bahnhof Hackescher Markt

Jüdisches Museum (Kreuzberg) 129

Es ist ganz schön viel und vieles davon ist emotional schwer zu ertragen: Diese beiden Aspekte der Geschichte des jüdischen Lebens spiegelt die umfangreiche Ausstellung des *Jüdischen Museums* wider. Trotzdem ist es ein Ort, den man mit Kindern durchaus besuchen kann. Kurz die Infos: Dekonstruktivistischer Neubau von Star-Architekt Daniel Libeskind inklusive erlebbarer Räume, die Bedrohung und Ausgrenzung nachempfinden lassen. Das verstehen auch die Kleineren. Einen Einblick in die traurigen Fakten des politischen und alltäglichen jüdischen Lebens in Deutschland erhalten sie in der prall gefüllten, aber interaktiv gestalteten Dauerausstellung. Gesprächsbedarf muss eingeplant werden, vielleicht bei einem Saft im *Café Schmus* im Lichthof.

Lindenstraße 9-14 | Tel. (0 30) 25 99 33 00 | www.jmberlin.de | Di-So 10-20, Mo 10-22 Uhr | Kinder 3 €, Erw. 8 € | U-Bahnhof Hallesches Tor (U1, U6)

Museum Alte Bäckerei Pankow

Das Haus ist mit vielen historischen Originalteilen eingerichtet und vermittelt ein Bild davon, wie es einmal war, das Leben der Handwerksfamilie Hartmann. Man kann das sogar am eigenen Leib erfahren und im Haus ein Zimmer nebst Holztrog-Bad mieten. Dabei bietet sich die Gelegenheit, dem Bäcker, der hier mehrmals die Woche backt, über die Schulter zu sehen

Das Jüdische Museum bietet immer wieder spezielle Veranstaltungen auch für Kinder an

und ein Brot abzukaufen. Dienstags, mittwochs und freitags zwischen 15 und 18 Uhr gibt es das Sauerteigbrot aus dem Holzofen.

Museum Alte Bäckerei Pankow e. V. | Museum für Kindheit in Pankow | Wollankstraße 130 | Tel. (0 30) 4 86 46 69 | www.alte-baeckerei-pankow.de | Di 11–17 Uhr und nach Verein-barung | S-Bahnhof Wollankstr.

Berliner Unterwelten-Museum (Wedding) `130`

Der Verein _Berliner Unterwelten_ führt durch abenteuerliche Orte: Ziel sind Bunker und Katakomben Berlins. Im _Berliner Unterwelten-Museum_ wird über die Geschichte und Entwicklung Berlins „aus der unterirdischen Pers-pektive" informiert. Zum einen ist der Bunker selbst und seine Funktions-weise interessant, dann behandelt die Ausstellung die technische Seite des Bombenkriegs und seiner Auswirkungen. Und außerdem geht es auch noch um die Kriegsfolgen wie die Enttrümmerung und die Zwangsarbeit. Das ist Stadtgeschichte zwar von der aufregenden Seite und bleibt be-stimmt im Gedächtnis, gleichzeitig ist es aber auch nichts für schwache Nerven. Der Nachwuchs sollte so begeisterungsfähig sein, dass er die Tour durchhält und ein Grundverständnis für die historischen Zusammenhänge mitbringen.

Brunnenstraße 105 | Tel. (0 30) 49 91 05 18 | www.berlinerunterwelten.de | Tickets an der Kasse in der südlichen Vorhalle des U-Bahnhofs Gesundbrunnen | Mo–Fr 10–16, Sa ab 9 Uhr | Kinder ab 9 €, Erw. ab 11 € | S-/U-Bahnhof Gesundbrunnen

Stadtführungen mit Kindern

Können die Kinder bereits verkehrssicher Rad fahren, lohnt sich eine geführte Fahrradtour. Da erfahren sich Innenstadt und Mauerverlauf ganz nebenbei. Mit kleineren Kindern nehme man den Bus.

Stadtführungen für Kinder

Tipp:
Spezielle Kindertouren zum Beispiel **auf den Spuren von Emil und den Detektiven** gibt es bei stattreisen.de auch als öffentliche Veranstaltung ab 5/8 €.
Die **Bärentour** führt immer sonntags durch Berlin aus Sicht eines Ritters (Treffpunkt 14 Uhr Nikolaikirche, 8/14 €, Anmeldung unter Tel. (0 30) 46 06 37 88).

Selbst entdecken ist immer unterhaltsamer, als passiv mit Informationen berieselt zu werden. Von daher ist eine Schnitzeljagd, bei der man die Geschichte der Berliner Bauten und Orte als Abenteuer erlebt, für Kinder die ideale Form der Berlinbesichtigung. Selber machen ist natürlich großartig – wenn Mama/Papa versierte Berlin-Kenner sind. Die Alternative heißt zum Beispiel *Stadtspiel – Die Schnitzeljagd* einfach kaufen und selbst mitmachen. Das gibt es für allerlei Stadtbezirke, aber auch als *Berlin Kompakt für Kids* in der Zwei-Stunden-Version ab 22 Euro.

Stadtspiel | zu buchen z. B. unter Tel. (03 51) 2 13 68 00 | im Onlineshop www.stadtspiel-schnitzeljagd.de | oder in Mitte im Vielfach Berlin (Zimmerstraße 11) sowie im Clipper City Home (Behrenstraße 47)

Geführte Radtouren 131

Tipp:
Die Stadtführung (auch) für das multimediale Kind ist die **Videobustour.** Während der Rundfahrt werden die historischen Ereignisse per Videofilm eingespielt (Termine und Abfahrtsorte unter www.videobustour.de, 16,50/19,50 €).

Fest zum sommerlichen Stadtbild gehören inzwischen auch die leicht taumelnden, sichtbar nicht geübten Radfahrer, die in gelben Westen oder mit gelben Körben einem Guide hinterher strampeln – keine Angst, in der Gruppe ist man für den Autoverkehr unübersehbar und erlebt ein großes Stück Berlin aus eigener Kraft. Wenn die Kinder noch nicht groß genug für ein Normal-Rad sind, gibt es auch Kindersitze, Anhänger, Trailer-Bikes, bei denen das Kind wie auf einem Tandem am Erwachsenen hängt und je nach Vermögen mitstrampelt oder ziehen lässt, Kinderräder und in jedem Fall Helme.

Berlin on Bike | Abfahrt Kulturbrauerei, Eingang Knaackstraße 97 |
Tel. (0 30) 43 73 99 99 | www.berlinonbike.de | Erw. 19 €, erm. 17 €
(inkl. 5 € Mietfahrrad) | U-Bahnhof Eberswalder Str. (U2)
Stadt und Rad | Hardenbergplatz 11 | Tel. (0 30) 68 83 62 17 |
www.stadtundrad.de | Erw. 19 €, erm. 17 € (inkl. 5 Euro Mietfahrrad) |
S-/U-Bahnhof Zoologischer Garten

Tipp:
Bei **Berlin on Bike** bekommt das zweite Kind (unter 16 Jahren) das **Leihrad** umsonst.

Hop-on-hop-off City-Tour

Sehr praktisch für Berlinbesucher mit kurzen Beinen und geringer Ausdauer. Das Ticket gilt wahlweise einen oder zwei Tage lang, und man kann beliebig oft aus- und einsteigen, bis man wieder am Ausgangspunkt angekommen ist. Die Informationen zum Sehenswerten am Straßenrand zwischen Alexanderplatz und Bahnhof Zoo gibt es in vielen Sprachen und der nächste gelbe oder lila Cabrio-Doppeldecker-Bus kommt nach 10 Minuten. Tickets gibt es im Internet, bei den Busfahrern, Touristen-Informationen und in vielen Hotellobbys.

www.city-circle.de | 10–16.30 Uhr, im Winter bis 15.30 Uhr | Kinder unter 6 Jahren frei,
Tagesticket Erw. ab 20 €, erm. ab 10 €

Trabi Safari & Trabi-World 132

Es ist ein denkwürdiges Erlebnis, wenn sich die ganze Familie in einen inzwischen historischen Pappflitzer klemmt und der Führung durch die Innenstadt hinterher knattert. Fürs Zweitakt-Race gibt es zwei Anbieter:

Bei der *Trabi Safari* beginnen die Preise bei einer Vierer-Belegung im Trabi bei stolzen 35 Euro pro Nase für die zweistündige Tour. Günstiger ist es, den Trabant individuell zu mieten und eine Runde auf eigene Faust zu drehen, dann kostet das Gefährt insgesamt ab 45 Euro pro Stunde.

Bei der *Trabi-World* wird der ganz große Hype ums Gefährt gefahren, es gibt einen Souvenirshop mit Eigenproduktion, ein Trabi-Museum und jede Menge Trubel zu Füßen des *Hi-Flyers* (▶ Seite 109). Dafür fährt hier der Passagier ab 30 Euro mit.

Trabi Safari | Start ab Alexanderplatz | Buchung unter www.trabisafari.de
Trabi-World | Zimmerstraße 97 | Tel. (0 30) 30 20 10 30 | www.trabiworld.com

Wartezeit? Spiele ausdenken für Kinder

Wir warten: Auf die richtige U-Bahn, auf das Essen im Restaurant, im Wartezimmer oder an der Supermarktkasse. Machen wir das Beste draus: Wir spielen.

Münzen-Boccia

Jeder bekommt zwei Geldstücke und versucht, sie möglichst nah an eine Wand zu werfen. Wer am nächsten dran ist, gewinnt. Kopf oder Zahl können – vorher verabredete – Zusatzpunkte einbringen.

Der Klassiker

Sachen raten. Einer denkt sich was (Ein Tier? Einen Gegenstand? Eine Kinderbuchfigur?) und gibt dazu genau zwei Hinweise. Wer's errät, ist als nächstes dran.

Variante für kleine Schauspieler

Einer denkt sich was (vorher ebenfalls den Kreis der Möglichkeiten festlegen) und stellt es pantomimisch dar. Wer's errät, darf bestimmen, wer als nächstes dran ist.

Farben suchen

Ich sehe was, was Du nicht siehst, und das ist ...

Teamplayer-Variante: Eine Farbe wird festgelegt, und gemeinsam zehn Gegenstände im Sichtfeld gesucht, die diese Farbe haben.

Schere-Stein-Papier-Turnier

Wer kann am Besten um die Ecke denken? Zum Ruf „Schere–Stein–Papier!" werden gegeneinander die Fäuste geschwungen, dann zeigt jeder Kontrahent entweder zwei Finger (Schere), die ausgestreckte Hand (Papier) oder eine Faust (Stein). Die Schere schneidet das Papier, der Stein macht die Schere stumpf und das Papier wickelt den Stein ein.

Teekesselchen

Mein Teekesselchen ist ein Gebäckstück und ein Einwohner der Hauptstadt – bei diesem Spiel geht es darum, Worte mit unterschiedlichen Bedeutungen zu erraten. Das Erraten ist dabei die eine, das Ausdenken oft die größere Herausforderung.

Dauert die Sache gar zu lange, hilft die Technik

Kinderhörbücher auf dem Smartphone erfordern etwas Vorbereitung oder ausreichend Datenvolumen und einen Streaming-Dienst. Und – „Hex, hex!" – übernehmen Bibi & Tina das Entertainment.

Berlin von oben

Ihr Kinder der Welt, schaut auf diese Stadt. Berlin verteilt sich weitgehend eben um die Spree herum, und von den Müggelbergen im Osten bis zum Teufelsberg im Westen stört nichts den Ausblick, den man von den zahlreichen Aussichtspunkten der Stadt hat. Deren Höhe, das ist immer ein Abenteuer. Teilweise saust ein Aufzug nach oben, teils muss das Kind schon über einige Kondition verfügen, um die vielen Stufen selbst zu erklimmen.

Fernsehturm (Mitte) 133

Tipp:
Auslauf gibt's auf der Rückseite des Alexanderplatzes in Richtung Rotes Rathaus – die **Wasserkaskaden des Brunnenfeldes** mit 560 Düsen für Wasserbögen, Wasserwände, Wassersäulen und Sprudelfelder unterhalten stadtbesichtigungs-geplagte Kinder bestens.

Ein Muss für kleine und weniger kleine Berlinbesucher und Berliner. Der Turm mit der runden Kugel, der aus dem Stadtbild herausragt, ist ihnen allen ein Begriff. Nach einer halben Minute Aufzugfahrt kann man von hier aus die Berlinbesichtigung komplett erledigen: Museumsinsel, Reichstagskuppel, Potsdamer Platz und die Gegend, in der „wir" wohnen/übernachten/zu Besuch sind: Der Ausguck macht der ganzen Familie Spaß. Die Eckdaten zur Besichtigung: höchstes Gebäude Deutschlands, erbaut 1969, Höhe 368 Meter.

Das Problem mit den anderen eine Million jährlichen Besuchern, die sich vor dem Aufzug stauen, löst ein Premium-Ticket, das auf der Homepage buchbar ist.

Panoramastraße 1a | www.tv-turm.de | März–Okt. tgl. 9–24 Uhr, Nov.–Feb. tgl. 10–24 Uhr | Kinder unter 4 Jahren frei, Erw. 13 €, erm. 8,50 € | S-/U-Bahnhof Alexanderplatz

Berliner Funkturm (Charlottenburg) 134

Der „andere" Turm – zwar nur ein gutes Drittel so hoch wie der „Alex", dafür auch bei weitem nicht so teuer und überlaufen. Das Erlebnis Aufzugfahrt gibt es trotzdem, und die Aussicht auf Berlins Wahrzeichen ist auch geboten, hier sogar mit Open-Air-Aussichtsplattform (allerdings

So ein Weitblick über Berlin beeindruckt nicht nur die Kleinsten.

witterungsabhängig) und jeder Menge Fernrohre. Als der Ost-Fernsehturm eröffnet wurde, hatte der West-Fernsehturm schon Denkmal-Status – als 20er-Jahre-Stahlfachwerkturm und Pioniergerät der Fernsehtechnik. Das Restaurant ist hier auf halber Höhe – elegant, mit originaler Jugendstil-Einrichtung und edler Karte, aber auch mit Kuchenbuffet.

Messedamm 22 | Tel. (0 39) 30 38 19 05 | www.funkturm-messeberlin.de |
tgl. 10–23 Uhr, Mo nur bis 20 Uhr | Erw. 5 €, erm.3 € | S-Bahnhof Messe Nord/ICC

Hi-Flyer (Mitte) 135

Ebenfalls von fast überall her zu sehen ist eine helle Kugel, die stets knapp über der Stadtsilhouette schwebt. Aus der Nähe betrachtet, schwebt die Kugel gar nicht so knapp überm Dächermeer: 150 Meter sind es sogar, die der Fesselballon – den tatsächlich eine Seilwinde an den Boden fesselt – erreicht. Aufgestiegen wird alle Viertelstunde, bei Wind jedoch nicht.

Zimmerstraße 95–100 | Windhotline Tel. (0 30) 2 26 67 88 11 | www.air-service-berlin.de |
tgl. 10–22 Uhr, Nov.–März 11–18 Uhr | Kinder (3–10 J.) 4,90 €, Erw. 19,90 €, erm. 14,90 €,
Familienticket 49 € | U-Bahnhof Mohrenstr. (U2) oder U-Bahnhof Kochstr. (U6)

Siegessäule (Tiergarten) 136

Erst stand die „Goldelse" vorm Reichstag und erinnerte an preußische Siege über Nachbarländer. Die Nazis räumten sie in den Tiergarten, dort erinnert sie nun irgendwie eher an die Love Parade als an Krieg und Göttin Viktoria überschaut jedes sportliche Großereignis auf der Straße des 17. Juli.

Großer Stern | Apr.–Okt. Mo–Fr 9.30–18.30, Nov.–März Mo–Fr 9.30–17.30 Uhr | Erw. 3 €, erm. 2,50 € | S-Bahnhof Tiergarten

Berliner Dom (Mitte) 137

270 Stufen führen bis zum Kuppelgang, von hier aus bestaunt man die historische Mitte aus nächster Nähe. Wer sich traut, steigt hinterher auch noch in die Gruft hinab, dort ruhen die Särge der Hohenzollern.

Lustgarten 1 | Tel. (0 30) 20 26 91 19 36 | www.berlinerdom.de | Mo–Sa 12–20 Uhr, Nov.–März nur bis 19 Uhr | S-Bahnhof Hackescher Markt

Französischer Dom (Mitte) 138

Der Gendarmenmarkt ist mit dem Konzerthaus und den beiden baugleichen Domen ein wunderschönes, fridrizianisches Gebäudeensemble und von edelsten Geschäften und Restaurants gesäumt. Kinder interessiert das wenig, aber von oben sieht's gleich interessanter aus: 284 Stufen bringen einen, vorbei am Glockenspiel, zur Balustrade des Französischen Doms.

Gendarmenmarkt | Tel. (0 39) 2 29 17 60 | www.franzoesischer-dom.de | Aussichtsplattform tgl. 10–19 Uhr, Nov.–März 10.30–18.30 Uhr | Erw. 3 €, erm. 1 € | U-Bahnhof Stadtmitte (U2, U6)

Die Goldelse: 285 Stufen sind es bis ganz nach oben

Park Inn (Mitte) 139

Noch eine Alternative zum Fernsehturm steht gleich nebenan und wurde auch fast zeitgleich erbaut. 40 Stockwerke hat das *Park Inn Hotel* und auf dem Dach in 150 Metern Höhe eine Panorama-Terrasse. Mit dem Lift geht's immerhin bis zur 37. Etage, für den Aufstieg bis zum Dach entlohnen Liegestühle und ein Kiosk. Zu bestaunen gibt es überdies, wie Abenteuerlustige sich an einem Seil in die Tiefe stürzen, da reicht aber zugucken.

Alexanderplatz 7 | www.parkinn-berlin.de | tgl. 12–22 Uhr, in der Winterzeit nur bis 18 Uhr | Erw. 4 € | S-/U-Bahnhof Alexanderplatz

Kollhoff-Tower (Tiergarten) 140

Für die kulturell interessierten Erwachsenen mag der Besuch am Potsdamer Platz der Bildung in Sachen zeitgenössischer Architektur dienen, sind hier doch die Bauten Hans Kollhoffs, Renzo Pianos und Helmut Jahns in direkter Nachbarschaft zu bestaunen. Den Spaßfaktor indes bestimmt der rasante Aufzug, der einen im Nullkommanix samt Nachwuchs in die 24. Etage beamt. Ein verglastes Café stärkt einen mit Kaffee und Kuchen.

Potsdamer Platz 1 | www.panoramapunkt.de | Plattform 10–20, Winterzeit bis 18 Uhr, Café 10–19, Winter 11–17 Uhr | Kinder bis 6 Jahre frei, Erw. 6,50 €, erm. 5 €, Familienticket 15,50 € | S-/U-Bahnhof Potsdamer Platz

Cafeteria der TU im Telefunken-Hochhaus (Charlottenburg) 141

Hier speist der/die Studierende mit Weitblick. In der Cafeteria *Skyline* gibt's Mensaessen, aber auch Kaffee und Kuchen, auf jeden Fall gibt es einen Aufzug in den 20. Stock und viele Tische direkt am Fenster mit Blick über den Ernst-Reuter-Platz und Restberlin.

Cafeteria Skyline | Ernst-Reuter-Platz 7 | 7.30–16.15 Uhr | U-Bahnhof Ernst-Reuter-Platz (U2)

Cafeteria des Rathauses Kreuzberg 142

Und noch ein in luftiger Höhe gelegener Ort für den kleinen Ausflug samt Mittagstisch: Die Cafeteria des Rathauses Kreuzberg ist zwar „nur" in der 10. Etage, dafür ist der Ausblick aber auch prächtig. Und wer ihn noch vertiefen möchte, erklimmt den nahe gelegenen, wahrhaftigen Kreuzberg.

Cafeteria im Rathaus Kreuzberg | Yorckstraße 4–11 | Tel. (0 30) 2 51 63 46 | Mo–Fr 7–15 Uhr | U-Bahnhof Mehringdamm (U6, U7)

Unterwegs mit Schiff & Boot

Eine Seefahrt, die ist lustig ... ein Ausflug auf dem Wasser ist für fast jedes Kind ein denkwürdiges Ereignis. Und in Berlin, von der Spree durchzogen und von Müggelsee bis Wannsee auch üppig mit Seen ausgestattet, bieten sich viele Möglichkeiten, an Bord zu gehen. Sei es eine Tour mit einem großen Schiff, bei der man nebenbei noch die Sehenswürdigkeiten der Stadt entdecken kann, oder das kleine Abenteuer mit Muskelkraft.

● Sich fahren lassen: Fähren & Dampfer

Fährfahrten mit der BVG

Mit den Kindern mal aufs Schiff, und das zum Preis eines Nahverkehrstickets: Das geht an mehreren Stellen in Berlin und lässt sich gut mit kleineren Ausflügen verbinden. Mit der Fähre geht's zur Pfaueninsel (▶ Seite 147), von Wendenschloss nach Grünau, nach Oberschöneweide oder über die Gewässer um Rahnsdorf herum. Stündlich verkehrt auch die Fähre nach Kladow und fährt dabei 20 Minuten lang über den Wannsee –

Im Historischen Hafen an der Mühlendammschleuse gibt's jede Menge alte Dampfer zu besichtigen und eine Ausstellung zur Schiffahrt. www.historischer-hafen-berlin.de

dabei muss man allerdings auf den Spaß des offenen Decks verzichten, es verkehrt eine neue Fähre mit dem Charme eines geschlossenen Busses.

www.bvg.de

Tipp:
Umfangreiche Angebote für **Rundfahrten** machen die großen Reedereien, allen voran die Reederei Riedel (www.reederei-riedel.de) und die Stern und Kreisschiffahrt (www.sternundkreis.de).

Innenstadt-Rundfahrten (Mitte)

Berlin vom Wasser aus zu sehen, das ist irgendwie noch einmal anders. Und für Kinder ist das Sightseeing auf diese Weise wesentlich aufregender und interessanter, als zu Fuß die Sehenswürdigkeiten abzutraben. Eine durchschnittliche Tour dauert 45 bis 60 Minuten, führt vorbei an Dom, Museumsinsel, Regierungsbauten und manövriert durch eine Schleuse – jeder Kapitän moderiert die Fahrt anders, und das Leben am Ufer verändert sich auch von Jahr zu Jahr. So kann man beim Erstbesuch das Pflichtprogramm absolvieren, aber damit kann man auch immer mal wieder Kinder und Erwachsene unterhalten.

Angeboten werden die Fahrten von unterschiedlichen Reedereien | Einstiegsstellen finden sich z. B. hinter dem Dom und an der Jannowitzbrücke

Müggelsee-Fähre (Köpenick)

Der Müggelsee – 7,5 Quadratkilometer annähernd runde Wasserfläche im Berliner Osten. Am Ufer das bezaubernde Friedrichshagen mit einem kleinen Park und Gastronomie, um den See herum verteilt weitere Ausflugsziele. Am Ufer entlang kann man wandern, radfahren, inlinern und bisweilen einkehren. In den Müggelseeterrassen *Rübezahl* (nach etwa 2,5 Kilometern) und der ehemaligen *Müggelseeperle* (heute *Hotel Müggelsee* – nach etwa 3 Kilometern) findet man Rastmöglichkeiten direkt am See. Und dann kann man bequem und romantisch mit den Fähren der Stern und Kreisschiffahrt wieder nach Friedrichshagen oder auch gleich bis zum Hafen Treptow zurückfahren.

Fahrpläne und Infos unter www.sternundkreis.de | S-Bahnhof Friedrichshagen (S3)

Brückentour (Kreuzberg) 143

Neben der einstündigen City-Tour ist die große Runde über Spree und Landwehrkanal bis nach Charlottenburg und zurück ein Klassiker der Berliner

Mit der Philippa kann man spannende Rundfahrten machen

Schifffahrt. Dafür muss man allerdings drei Stunden einplanen – kein Problem für schiffsbegeisterte Kinder, die bestimmt viel zu entdecken haben, ein bisschen lang allerdings für solche, die die Schaukelei schnell langweilig finden oder viel herumtoben möchten. Mit einem besonders schönen Schiff macht die Tour gleich noch einmal viel mehr Spaß als mit einer Plastiksitzschalen-Touristenschüssel: Die Dampfer *Philippa* und *Josephine* verkehren vom Urbanhafen aus, zur Fahrt gibt es ein Frühstücksbuffet.

Urbanhafen | Carl-Herz-Ufer 5 | nur nach Voranmeldung | Tel. (0 30) 6 92 62 93 |
www.vanloon.de | Sa 11 Uhr, So 10 Uhr | 33,50 € plus Getränke | U-Bahnhof Prinzenstr. (U1)

Potsdamer Wassertaxi

Vom Wannsee bis zum Templiner See verkehrt das Potsdamer Wassertaxi. Mit den offenen Booten können 13 verschiedene Ausflugsziele erreicht werden, vom Volkspark Glienicke über die bezaubernde *Heilandskirche Sacrow* bis hin zum Prachtschloss *Sanssouci* oder auch dem Strandbad Templin im Potsdamer Süden. Die Fähren verkehren von März bis Oktober etwa alle 90 Minuten, Platz für Fahrräder gibt es auch.

www.potsdamer-wassertaxi.de | ab 3,50 € für eine Station, Kinder die Hälfte,
Kinder unter 6 Jahren frei, Familien-Tagesticket 37,50 € | Potsdam Hbf.

● Selber fahren: Ruderboote, Tretboote & Flöße

Kanuliebe (Treptow) **144**

Die definitiv schönsten Tretboote der Stadt gibt es an der *Insel der Jugend*. Türkisblaue Pedalos oder feuerrote „Rennboote" – hier fühlt man sich trotz schweißtreibendem Muskeleinsatz wie ein Filmstar aus den 50er Jahren, wenn man um die Halbinsel Stralau herum strampelt oder zu längeren Ausflügen entlang von Spree und Kanälen aufbricht. Kinder passen bequem mit an Bord und dürfen auch mal ans Lenkrad. Für längere Touren ist ein Sonnenverdeck ausleihbar. Und schicke Kanus gibt es auch, samt Einweisung für unerfahrene Paddler.

Insel der Jugend | Alt-Treptow 6 | Tel. (01 70) 4 89 26 80 | www.kanuliebe.de | Apr.–Sep. Mo–Fr ab 11, Sa/So ab 10 Uhr, jeweils bis Sonnenuntergang | Tretboote ab 11 € pro Stunde, Kanus ab 10 € pro Stunde | S-Bahnhof Treptower Park

Tegeler See

Der Tegeler See ist Berlins zweitgrößter See und dank sauberem Wasser und abwechslungsreichem Uferleben ein schönes Ziel für einen Wasserausflug im Stadtgebiet. Mehrere lauschige Inseln sind hier zu entdecken, Valentinswerder, Maienwerder und noch ein paar andere. Diverse Wassersportvereine am Ufer sorgen für umtriebigen Bootsverkehr auf dem See. Zu manchen Inseln verkehren kleine Fähren, aber es ist auch ein Leichtes, sich selbst unter die Freizeitkapitäne zu mischen und See, Badeufer und Inselwelt auf eigene Faust zu erkunden.

> **Tipp:**
> Auf dem Tegeler See gibt's Grillspaß zu Wasser: **Grillboote** mit integriertem Kugelgrill ab 35 € pro Stunde. **www.bbg-donut-berlin.de**

Bootsvermietung und Minigolfanlage Mühl | nördliche Greenwichpromenade, An der roten Sechserbrücke | www.bootsvermietung-tegel.de | Apr.–Okt. Di–So 10–19 Uhr | Ruderboote ab 7,50 € pro Stunde, Tretboote ab 11 € pro Stunde | U-Bahnhof Alt-Tegel (U6) oder S-Bahnhof Tegel (S25)

Floß und los (Köpenick)

Ein Tag wie im Leben des Tom Sawyer und Huckleberry Finn: Mit den hölzernen Tipi-Flößen oder den größeren Verwandten bricht die ganze Familie zu einem besonderen Abenteuer-Tag auf. Die kleinsten, schwimmenden Hütten sind für bis zu 5 Personen zugelassen, die größten für 15, führerscheinfrei schippert es sich für bis zu 12 Personen. Einen Grill und weiteres

Rudern zentral:
Einen Bootsverleih gibt es auch beim **Café am Neuen See** im Tiergarten (▶ Seite 15) und am **Weißen See** (▶ Seite 24).

Zubehör kann man dazu mieten. Ausgerüstet mit Tourenvorschlägen liegen mit Müggelsee, Seddinsee, Dahme und Langem See viele Stunden Fahrt- und Badevergnügen vor euch. Besonders abenteuerlich: Auf dem Floß übernachten.

Vermietung ab Seebad Friedrichshagen, AKLW GmbH |
Müggelseedamm 216 | Tel. (0 30) 6 45 57 56 |
www.flossundlos.de | 3 Stunden ab 80 €, ganzer Tag ab 120 € |
S-Bahnhof Friedrichshagen (S3), dann Tram 60 bis Josef-Nawrocki-Str.

13 Kanus (Köpenick)

Der Dorfkern von Rahnsdorf liegt seit dem 14. Jahrhundert am Ostufer des Müggelsees und an der dort einmündenden Spree. Historische Höfe schmiegen sich hier um den Dorfanger. Aus dem Fischerdorf wurde Ende des 19. Jahrhunderts ein Ausflugsziel für die Berliner – das ist es bis heute. Nach Osten grenzt eine Lagunenstadt mit Wochenendhäusern an: Neu-Venedig hat sogar eine kleine Rialtobrücke, ist zwar nicht ganz so majestätisch wie das Original, aber von vielen kleinen Kanälen durchzogen und damit ideal zu durchpaddeln.

13 Kanus | Am Küstergarten 18a | Tel. (01 62) 4 85 03 10 | www.13kanus.de | tgl. ab 9 Uhr |
Kanu ab 10 € pro Stunde | S-Bahnhof Rahnsdorf (S3), dann Bus 161 bis Grünheider Weg

Schlachtensee (Zehlendorf)

Um den Schlachtensee ist in diesem Jahr ein Streit entbrannt: Das Bezirksamt hat Hunde vom Seeufer weg in den nahe gelegenen Grunewald verbannt. Was die einen ärgert – und an dieser Stelle für Familien mit Familien-Wauz unpraktisch ist – freut all die, die die Anwesenheit von nassen Fellträgern beim Badespaß nicht so sehr schätzen. Um den Schlachtensee herum gibt es jedenfalls schöne Badestellen, in S-Bahn-Nähe einen Imbisswagen und am Nordufer ein Restaurant mit Biergarten. Und außerdem einen Bootsverleih mit langer Tradition und Berliner Schnauze. Besser nicht anrufen, einfach hingehen.

Klaus Voigt u. Hoppe Werner Bootsverleih | Marinesteig 6a
Restaurant und Biergarten Fischerhütte am Schlachtensee | Fischerhüttenstraße 136 |
Tel. (0 30) 80 48 83 10 | www.fischerhuette.berlin.de | tgl. ab 9 Uhr |
S-Bahnhof Schlachtensee (S1)

Kommerzielle Specials

Berlinbesuch mit Kindern sollte pädagogisch wertvoll sein, viel an der frischen Luft stattfinden und von einem gesunden Imbiss abgerundet werden. Hinterher sind alle sonnengebräunt, satt und mit didaktisch aufgearbeiteten Berlinkenntnissen versehen. Soweit die Theorie. Manchmal aber ist das Wetter schlecht, die Kinder sind knatschig oder (prä)pubertär oder der Winter ist insgesamt zu lang geworden. Was dann hilft: Trash.

Berlin Dungeons (Mitte) 145

Die Berliner Filiale des internationalen Grusel-Unternehmens nimmt die Stadtgeschichte zum Vorbild für ein knappes Dutzend gruselige Kammerspiele. Der Weg durch 700 Jahre Berlin führt vorbei an einem Pestarzt, an einem Hexenprozess, an einem Friedrichshainer Serienmörder und über eine kurze Floßfahrt. Das alles geschieht mittels hoher dramatischer Hingabe seitens der Darsteller, viel spritzendem Requisitenblut und einer ganzen Menge Gekreisch im Publikum. Unterhaltsam.

Spandauer Straße 2 | Tel. (0 18 06) 25 55 44 | www.thedungeons.com/berlin | tgl. 10–18 Uhr | Kinder 16,50 €, Erw. 20,50 €, online günstiger | S-Bahnhof Hackescher Markt

Im Legoland Berlin gibt es gerade für die Kleinen große Action

Madame Tussauds Wachsfigurenkabinett (Mitte) ⬤146

Einmal Manuel Neuer oder Miley Cyrus aus der Nähe sehen – hier geht das. Kleinere Kinder finden die lebensechten Figuren eher verwirrend oder gar beängstigend, aber die etwas größeren oder einen Teenager kann man mit einem Besuch bei *Madame Tussauds* eine ganze Weile unterhalten. Drumherum gibt es interaktive Bildschirme für die Hintergrundinformationen und natürlich besticht die Möglichkeit zu lustigen Fotos mit den Idolen.

Unter den Linden 74 | Tel. (0 18 06) 54 58 00 | www.madametussauds.com/Berlin | tgl. 10–19 Uhr, Aug. tgl. 10–20 Uhr | Kinder 18,50 €, Erw. 23,30 €, online günstiger | S-/U-Bahnhof Brandenburger Tor

Legoland (Tiergarten) ⬤147

Viele bunte Klötzchen und noch mehr Spielmöglichkeiten: Das *Legoland* verbindet so einiges, was kleine und weniger kleine Baumeister ein paar Stunden lang beschäftigt. Vor allem natürlich die Millionen von Legosteinen und die diversen aktuellen Themenwelten, mit denen die Kinder spielen dürfen. (Und zwar wirklich die Kinder. Erwachsene dürfen alleine nicht rein – nur zu ausgewiesenen Fan-Abenden!). Dann können sie ein bisschen Kino mit 3-D-Brille gucken, hinterher noch auf einem Indoorspielplatz klettern und ein paar Berliner Bauwerke anstaunen, die im Miniaturformat aus Lego nachgebaut worden sind.

Potsdamer Straße 4 | Tel. (0 18 06) 66 69 01 10 | www.legolanddiscoverycentre.de/berlin | ab 14 €, online günstiger | S-/U-Bahnhof Potsdamer Platz

Loxx Miniatur Welten (Mitte) ⬤148

Ganz Berlin im Maßstab 1:87 – mit vielen Knöpfen, auf die man drücken kann, damit sich etwas bewegt. Eine Berliner Eigenart repräsentiert das Modelleisenbahn-Museum *Loxx* tatsächlich gut: Es wird überall gebaut, und das offenbar schon seit einer ganzen Weile. Irritierenderweise ist ausgerechnet der Flughafen fertig – dort kann man den Modellflugzeugen vom Parkplatz bis zum Abflug folgen. Ansonsten gibt es die diversen Sehenswürdigkeiten der Berliner Mitte und ein paar universell zu verortende Dinge wie ein Märchenland. Besonderen Erfolg feiert die unterirdische Schokoladenfabrik, die echte Schokoladenstückchen auswirft.

im Alexa, 3. Etage | Alexanderstraße | www.loxx-berlin.de | tgl. 10–20 Uhr | Kinder bis 14 Jahre/ab 1 m Körpergröße 8 €, Erw. 12,90 €, Familien 33 € | S-/U-Bahnhof Alexanderplatz

Berlin Story Bunker (Kreuzberg) `149`

Der Bunker wurde im Zweiten Weltkrieg als Luftschutzbunker für die Angestellten und Reisenden des Anhalter Bahnhofs erbaut. Während der Luftangriffe drängten sich hier bis zu 12 000 Menschen! Es ist ein beklemmendes Erlebnis, so einen Raum von innen zu sehen. Noch beklemmender wird es natürlich, wenn einem dabei ein Vampir oder ein Gespenst begegnet – Kreischalarm im Gruselkabinett!

In zwei weiteren Etagen des Bunkers befinden sich historische Ausstellungen: Im *Figurenkabinett* zeigt eine Ausstellung die Geschichte der Medizin in Inszenierungen, die dem Gruselkabinett in nicht viel nachstehen – tatsächlich geht es viel um Foltermethoden. Und dann gibt es auch noch das *Berlin Story Museum*, das einen historischen Abriss der gesamten Berliner Stadtgeschichte zusammengetragen hat. In vielen Fotografien und kleinen Inszenierungen, mit Schwerpunkten zur Industrialisierung, Zweitem Weltkrieg und Mauerfall.

Schöneberger Straße 23a | Tel. (0 30) 26 55 55 46 | www.berlinstory-bunker.de | Di-Fr 10–19 (letzter Einlass 18 Uhr), Sa/So 12–20 (letzter Einlass 19 Uhr) | Kinder 7 €, Erw. 9,50 € | S-Bahnhof Anhalter Bhf.

Currywurstmuseum (Mitte) `150`

Die Ticketpreise sind auch hier durchaus happig, dafür ist darin auch ein Happen enthalten: Beim Besuch im *Currywurstmuseum* darf man das Objekt der Aufmerksamkeit kosten. Und auch ansonsten ist das Museums-erlebnis sinnlich: Da wird an Curry-Mischungen geschnuppert oder die Geschichte Berlins multimedial am Nationalgericht entlang erzählt. Der Lerneffekt kommt beim Futtern nicht zu kurz: Anhand der Currywurst wird didaktisch über Nahrungsmittel- und Verpackungsindustrie berichtet und über die Rolle der Currywurst in Film, Funk und Fernsehen. Für die originale Präsentation hat das Museum eine ganze Reihe Designpreise erhalten.

Schützenstraße 70 | Tel. (0 30) 88 71 86 47 | www.currywurstmuseum.com | tgl. 10–18 Uhr | Kinder 8,50 €, Erw. 11 € | U-Bahnhof Kochstr. oder Stadtmitte (U6)

Tipp:
All diese Angebote sind nicht ganz billig: Die Karte für ein Kind kann schon einmal an die 20 Euro kosten. **Online** gibt's die Tickets meist deutlich günstiger als vor Ort, außerdem gibt es **Kombitickets** für Madame Tussauds, Berlin Dungeon, Legoland und SEA LIFE.

Leuchtende Kinderaugen gibt es nicht nur bei Burger und Pommes. Wer Kinder einfach alles probieren lässt, wird schnell feststellen, was für kleine Feinschmecker sie sind.

Essen & Trinken

Unter dem Stichwort „Kinderteller" befinden sich in den meisten Fällen leider nur Pommes, Fischstäbchen und Nudeln mit Tomatensauce. Tatsächlich sind das Dinge, mit denen man wahrscheinlich fast alle Kinder irgendwie zufrieden stellen kann, während Mama und Papa sich den breiten Möglichkeiten der internationalen Küche Berlins hingeben. Schade eigentlich! Schön, wenn die Kinder einfach einen (leeren) Räuberteller bekommen, und an allem teilhaben können, was es gibt. Dann entdeckt man nämlich, dass man durchaus kleine Feinschmecker dabeihat.

Einkehren mit Kindern

Mit Kindern auswärts essen – es gibt zwei Faktoren, die das gerne zu einem Abenteuer machen: 1. die Kinder, 2. das Auswärts – sprich alle anderen Menschen im Lokal. Erstere sind entweder begeistert oder gelangweilt, beides begrenzt die Geduld zum Sitzen und Speisen auf gefühlte 20 Sekunden. Zweitere sind entweder begeistert vom quirligen Nachbartisch oder eben auch nicht. Zum Glück gibt es Orte, die sich darauf eingestellt haben, dass ein Teil der Gäste nicht nur zum Essen da ist.

● **Restaurants & Cafés**

Kiiwii Restaurant (Wilmersdorf) 151

Die Einrichtung ist ebenso wie die Karte von gepflegter Zweckmäßigkeit. Auf jeden Fall steht eine Menge drauf, was die Kinder mögen: Pommes, Burger, Pizza, Nachos. Salate, Steaks und ein Bistro-Angebot gibt es auch.

Mit einer großen Glasscheibe vom Gastraum abgetrennt ist ein toller, bunter Indoorspielplatz, in dem, wer mag und reinpasst, die angefutterten Kalorien auch gleich wieder verbrennen kann. Am Wochenende gibt es Brunch-Buffets mit Sonderpreisen für die Kinder, in denen die Spielplatz-Nutzung schon enthalten ist. Keine Kartenzahlung.

Güntzelstraße 10 | Tel. (0 30) 21 99 60 77 | www.kiiwiiberlin.de |
Mo–Do 10–21, Fr–So 9–21 Uhr | Spielplatz-Nutzung: 1. Stunde 3 €, 2. und 3. Std. je 1 €,
Kinder unter 3 Jahren 1 € pauschal | U-Bahnhof Güntzelstr. (U9)

Karstadt Hermannplatz (Kreuzberg) 152

Im *LeBuffet Restaurant* im 4. OG gibt es Fleisch, Fisch und Gemüse, Pommes und Nudelgerichte, Kaffee und Kuchen an verschiedenen Theken. Alles meist in relativ guter Qualität, teils frisch vor den Augen der Gäste zubereitet. Was aber das Restaurant von anderen Kaufhausrestaurants unterscheidet und interessant für Gäste mit Kindern macht, ist der kleine Indoorspielplatz mit Rutsche und Häuschen zum Verstecken. Gleich daneben steht ein großes, hübsch anzusehendes Modell des historischen, einst sehr stolzen Karstadt-Kaufhauses. Außerdem gibt es eine große Dachterrasse mit tollem Ausblick auf das bunte Kreuzberg-Neuköllner Leben.

Hermannplatz 5–10 | Tel. (0 30) 69 55-0 | www.karstadt.de | Mo–Sa 10–20 Uhr |
U-Bahnhof Hermannplatz (U7, U8)

Prater Garten (Prenzlauer Berg) 153

Der *Prater Garten* an und für sich ist schon älter als der Stadtteil Prenzlauer Berg. Er ist eine Institution im Kiez, wo sich Nachbarn und Touristen auf Ofenkartoffel und Berliner Weiße treffen. Ein Gutes: Wenn sechshundert andere Gäste im Biergarten herum lärmen, stört sich keiner an spielenden Kindern. Und für die Eltern gibt es auch noch was zu gucken, wenn sie die Augen beruhigt vom Spielplatz abwenden können, der in Tischnähe und wirklich fernab der Straße mitten im Geschehen liegt.

Kastanienallee 7–9 | www.pratergarten.de | Apr.–Sep. tgl. ab 12 Uhr |
U-Bahnhof Eberswalder Str. (U2)

Buchkantine (Mitte) 154

Vom Frühstück übers Mittagessen bis zum Nachmittagscafé mit Kuchen wird man im Bistro der *Buchkantine* bestens versorgt. Und dazu gibt es Entertainment für die ganze Familie. Für die jüngeren Gäste eine Spielecke, für die älteren einen kompletten Buchladen mit dem Schwerpunkt Belletristik und Jugendbuch.

In der Buchkantine gibt es Entertainment für die ganze Familie in gemütlicher Atmosphäre.

Schmatzen, schmökern, spielen – um in den Genuss des vollen Angebots zu kommen, beachte man die unterschiedlichen Öffnungszeiten. Gleich gegenüber liegt auch noch der Spielplatz mit Flusspferd.

Dortmunder Straße 1 | Tel. (0 30) 94 88 37 28 | www.buchkantine.de | tgl. 9–20 Uhr, Buchhandlung Mo–Fr 10–18.30, Sa 10–17 Uhr | S-Bahnhof Bellevue

Charlottchen (Charlottenburg)

Das *Charlottchen* ist eine Westberliner Institution für Theater und Kindertheater. Zauberei, Clowns und klassisches Puppentheater für Kinder ab dem ersten Lebensjahr: Die Auswahl ist vielfältig. Und auch das angeschlossene Restaurant ist für den Besuch mit Kindern ausgerüstet und bietet nicht nur ein Kindermenü an, sondern auch einen hübschen Kinder-Spielraum mit Kletterwand und Rutsche.

Tipp:
Am Wochenende lädt das Charlottchen zum **Familienfrühstück.**

Droysenstraße 1 | Tel. (0 30) 3 24 47 17 |
www.restaurant-charlottchen.de | Restaurant Mo–Fr ab 15,
Sa/So ab 10 Uhr | Kindertheater 6 € | S-Bahnhof Charlottenburg

Schrippenschuster (Prenzlauer Berg) 156

Das Café mit Blick auf den Helmholzplatz hat aus den Gasträumen, die sich in den Seitenflügel hineinziehen, das Beste gemacht: Im vorderen Teil dürfen die Kinderlosen aus dem Fenster gucken, Zeitung lesen und sich leise unterhalten. Und hinten im Berliner Zimmer gibt es neben den Tischen auch ein gemütliches Sofa, eine große Maltafel und eine Spielecke. Weitgehend „normaler" Cafébetrieb mit beschäftigten Kindern. Selbstbedienung.

Raumerstraße 9 | Tel. (0 30) 95 59 85 53 | www.schrippenschuster.de |
tgl. 6.30–18.30 Uhr | S-/U-Bahnhof Schönhauser Allee

Brachvogel (Kreuzberg) 157

Das gemütliche Café-Restaurant mit Biergarten liegt direkt am Landwehrkanal im Grünen. Die Speisekarte ist mediterran und wird auch Veganern gefallen, außerdem gibt es auch eine ganze Reihe von Kindergerichten. Beim sonntäglichen Brunch sind Kinder bis zwölf Jahren ebenfalls zum halben Preis dabei.

Das Wichtigste aber: Während die Eltern hier schlemmen und plaudern, langweilen sich die Kinder nicht. Zum einen gibt es einen Abenteuerspielplatz direkt neben dem Biergarten, zum anderen hat der *Brachvogel* eine eigene Minigolfanlage, die abends sogar beleuchtet ist.

Carl-Herz-Ufer 34 | Tel. (0 30) 6 93 04 32 | www.brachvogel-berlin.de | tgl. ab 9 Uhr |
Minigolf Erw. 3 €, erm. 2,50 € | U-Bahnhof Prinzenstr. (U1) oder Bus M41 bis Blücherstr.

Jockel Biergarten (Kreuzberg)

Der große Biergarten liegt direkt am Landwehrkanal, dort, wo Kreuzberg an Neukölln und Treptow stößt. Der tolle Blick auf das Wasser ist nur verstellt von einem großen Kletter- und Wasserspielplatz. Hier spielt das Kreuzberger Kind bis in die Abendstunden, während die Eltern in Sichtweite Pizza und Grillspezialitäten genießen oder sogar Wasserpfeifen konsumieren. Dazu ein großes Bier oder auch Tee, stilecht aus dem Samowar.

Ratiborstraße 14c | Tel. (0 30) 69 59 80 60 | tgl. bis 22 Uhr |
U-Bahnhof Görlitzer Bhf. (U1) oder Bus M29 bis Glogauer Str.

Café schönhausen (Pankow) 159

Auch nach einem Betreiberinnenwechsel im letzten Jahr gilt im *Café schönhausen* nach wie vor das alte „liebevoll und hausgemacht". Der helle und freundliche Laden bietet vom Babygläschen über Eiscreme bis zur Bio-Quiche für Besucher aller Altersstufen den passenden Snack. Außerdem werden kleine Nettigkeiten und Geschenkideen verkauft. So ist das Café unverzichtbare Perle auf der Kette Florastraße, wo Secondhand- und weiteren Läden für Kindersachen zum Einkaufsbummel einladen.

Florastraße 27 | Tel. (0 30) 42 00 45 36 | www.schoen-hausen.de | tgl. 10–18 Uhr |
S-/U-Bahnhof Pankow

Vesuvio (Friedrichshain) 160

Gemütliches Restaurant mit typisch italienischem Flair, direkter Blick auf die Fontäne vom Strausberger Platz, moderate Preise. Im Sommer kann man prima draußen sitzen, Kinder können auf der Wiese an der breiten Promenade spielen (wegen der Straße aber besser in Sichtweite). Sehr nette und kinderfreundliche Kellner, lustig und zuvorkommend. Kinder erhalten eine Ausmalunterlage und Buntstifte, dazu Kinderkarte und eine angnehm flotte Bedienung. Die Pizza wird im Lokal hinter Glas gebacken, hier können Kinder direkt zuschauen.

Strausberger Platz 8 | Tel. (0 30) 42 02 95 89 | www.ristorante-vesuvio-berlin.de |
tgl. ab 11.30 Uhr geöffnet | U-Bahnhof Strausberger Platz (U5)

Il pane e le rose (Prenzlauer Berg) 161

Italienisches Restaurant mit schönem Rosenvorgarten im Bötzowviertel, gehobene Preise. Besonders zu empfehlen sind die Pizzen, die es in vielen Varianten gibt. Kinderkarte, Hochstühle, kleine Spielecke. Das Personal ist kinderfreundlich und einiges an Lautstärke gewohnt. Die weißen Papiertischdecken dürfen ausdrücklich bemalt werden. Gegenüber liegt gleich der Volkspark Friedrichshain und ein Spielplatz so nah, dass man während des Wartens auf das Essen mit den Kindern dort verweilen kann.

Am Friedrichshain 6 | Tel. (0 30) 4 23 19 16 | tgl. von 12–20 Uhr |
Bus 200 bis Am Friedrichshain/Hufelandstr.

Piratenrestaurant (Charlottenburg) 162

Klar zum Entern: Erst das Piratenschiff auf dem öffentlichen Spielplatz vor der Tür und dann hungrig ins Piratenrestaurant einfallen. Das nennt sich selbst *Spelunke* und platziert kleine und große Gäste in Dschungelzimmer oder Piratengruft und schickt sie aufs Monsterklo. Zu essen gibt es „Fledermausflügel" oder „Hexendessert". Drinnen darf auch gespielt werden, es gibt Spielecken und eine Piratenhöhle mit bunten Bällen für eine kleine Kanonenschlacht. Oft für Feiern gebucht, daher besser vorher anrufen.

Tegeler Weg 97 | Tel. (0 30) 35 12 90 30 | www.piratenrestaurant.de | Fr–So ab 16 Uhr, Abendmenü nach Reservierung | S-/U-Bahnhof Jungfernheide

Nordsee SB-Restaurants 163

Fischfilets, Fischstäbchen, Pommes oder auch gesünderes Essen – in den *Nordsee*-Restaurants sind Kinder meist schnell zufrieden. Die Tablett-Auflage eignet sich zum Angucken und Daraufmalen. Kinderstühle sind in ausreichender Zahl vorhanden. Mittlerweile bemüht sich die Kette auch um Nachhaltigkeit – es werden keine gefährdeten Fischarten angeboten. Elf Mal in Berlin, eine große Filiale gibt es zum Beispiel in Mitte in der Spandauer Straße gegenüber vom SEA LIFE (▶ Seite 29).

Spandauer Straße 4 | Tel. (0 30) 2 42 68 81 | www.nordsee.com | Mo–So 10–21 Uhr | S-/U-Bahnhof Alexanderplatz

● Kindercafés

Paul & Paula (Friedrichshain) 164

Eine Krabbeldecke für die Kleinsten, eine Spiel- und Tobefläche für die Größeren, lässige Sitzmöbel und eine Speisekarte mit Bioprodukten für die Eltern. Beliebt im Kiez sind auch die Kurse und Veranstaltungen wie Schwangerenyoga, PEKiP, Musikgarten, Kindertanz oder Themenabende zu Ernährung und Gesundheit.

Richard-Sorge-Straße 25 | Tel. (0 30) 42 08 94 40 | www.paul-und-paula.de | Mo–Fr 9.30–18, So 14–18 Uhr | U-Bahnhof Weberwiese (U5)

Kiezkind (Prenzlauer Berg) 165

Das Spielcafé auf dem Helmholzplatz könnte auch im Kapitel Indoorspielplätze stehen, es bietet nämlich die einzigartige Gelegenheit eines innenliegenden Sandkastens. Eine weitere Attraktion aus Kindersicht ist der etwas marode, aber bespielbare Fuhrpark aus Rutschautos vor der Tür. Während das Spielangebot hier eher Kleinkinder erfreut, können die Großen nach nebenan auf den „richtigen" Spielplatz gehen.

Auf dem Helmholzplatz 1 | Tel. (01 77) 4 44 04 37 | www.kiezkindberlin.de | Im Sommer tgl. 9–19 Uhr, Nov.–Feb. Mo–Fr 12–18 Uhr, Sa/So 10–18 Uhr, ab März tgl. bis 19 Uhr | S-/U-Bahnhof Schönhauser Allee

Kinderwirtschaft (Friedrichshain) 166

Tipp:
Schräg ge-
genüber der
Kinderwirtschaft
liegt der **Drachen-
spielplatz**
(▶ Seite 12).

Familiencafé mit separatem Spielbereich, in dem es viel
Platz zum Toben und Rutschen gibt. Der Spielraum hat
ein großes Kletterlabyrinth, für die Kleinen gibt es
einen Krabbelbereich. Koch- und Backkurse für die
Schulkinder gibt's in den Sommerferien. Im Cafébe-
reich, der Platz für circa 30 Gäste bietet, werden unter
anderem frische Salate, Bagels, Suppen, Kuchen und im
Sommer Eis angeboten. Sonntags ist Familienbrunch.

Schreinerstraße 15 | Tel. (0 30) 42 02 52 59 | www.kinderwirtschaft.de |
tgl. 10–19 Uhr | Eintritt für Kinder 2/1 €, Rabatte für Großfamilien |
U-Bahnhof Samariterstr. (U5)

Parkcafé Pusteblume (Wilmersdorf) 167

Vom Rathaus Schöneberg aus führt der Weg herrlich durch den Park, zwei
Ziele vor Augen: Den großen Spielplatz im Volkspark Wilmersdorf mit
zahlreichen Klettergerüsten und Schaukeln und das benachbarte *Parkcafé
Pusteblume.* Das Familienrestaurant verwöhnt Klein und Groß mit täglich
wechselnden Gerichten – in liebevoll gestaltetem Interieur nebst Terrasse.
Von der aus, nicht ganz unwichtig, man auch ein Auge auf die Tischflüchter
im Park werfen kann. Zum Sonntagsbrunch muss reserviert werden.

Durlacher Straße 2 | Tel. (0 30) 85 73 03 08 | www.parkcafe-pusteblume.de | tgl. ab 10 Uhr |
U-Bahnhof Rathaus Schöneberg (U4)

Driss im Wunderland (Friedrichshain) 168

Während Mama und Papa es sich bei Kuchen, Kaffee oder Tagesgerichten
wie Tajine im Erdgeschoss gutgehen lassen, können sich die Kleinen im
Souterrain in der Spiellandschaft austoben (Spielraumbeitrag: 2 Euro).
Die Inhaber Sandra und Driss haben selbst zwei (mittlerweile große) Kinder. Mit dem Café haben sie sich ihren Traum von einem Ort verwirklicht,
an dem Kinder toben und Erwachsene entspannen können. Leckeres italienisches Eis gibt es auch zum Mitnehmen, samstags ab 10 Uhr ist Familienbrunch angesagt (mit Anmeldung). Für Kindergeburtstage und andere
Feiern gibt es Platz im hinteren Bereich des Cafés.

Sonntagstraße 26 | Tel. (0 30) 85 01 27 89 | www.drissimwunderland.de | Mi–Mo 10–19 Uhr |
S-Bahnhof Ostkreuz

Café Milchbart (Prenzlauer Berg) 169

Zeitungen und Spielzeug für alle! Das *Café Milchbart* ist hell und gemütlich, hat einen Garten und bewirtet bei Sonnenschein auch vor der Tür. Wer sich ausruhen möchte, kann auf den Sofas herumlümmeln, Zeitung lesen und den Nachwuchs die Rutsche und viele andere Spielmöglichkeiten erkunden lassen – das wird 'ne Weile dauern.

Paul-Robeson-Straße 6 | Tel. (0 30) 66 30 77 55 | www.milchbart.net | tgl. 10–18 Uhr | Eintritt 1 € | S-/U-Bahnhof Schönhauser Allee

Café Schatztruhe (Reinickendorf) 170

Auch dieses Café setzt auf die Faszination der Kinder für die bunten, kunstledernen Klettergerüste – hier in Form eines Schiffes, mit Klettermöglichkeit und Bällchenbad. Die maritime Optik setzt sich fort bis zur Theke mit den Bullaugen. Einen Außenspielplatz gibt es auch.

Weststraße 8 | Tel. (0 30) 30 41 70 93 60 | www.cafeschatztruhe.com | Di–Sa 14–20 Uhr, Sa/So 10–20 Uhr | Mo–Fr 1. Stunde 2,50 €, jede weitere 1 €, Sa/So 3/1 € | U-Bahnhof Kurt-Schumacher-Platz (U6)

Im Cuffaro
(► Seite 133)
gibt's richtig leckeres
Eis und super
Blechpizza.

Café Ballon (Prenzlauer Berg) 171

Das schöne, 200 Quadratmeter große Eltern-Kind-Café im Bötzowviertel hat einen Indoorspielplatz mit einem Klettergerüst auf zwei Etagen, eine Rutsche ins Bällebad und viele tolle Spielsachen für Kinder. Auf der Speisekarte stehen hausgemachte Waffeln und selbstgebackener Kuchen sowie Suppen, Salate und Omletts. Auch ein wechselndes Tagesgericht wird angeboten. Für den Nachhauseweg gibt es einen Luftballon gratis.

Bötzowstraße 49 | Tel. (0 30) 99 25 08 50 | www.cafe-ballon-berlin.de | tgl. von 10-19 Uhr | Tram M10 bis Arnswalder Platz

Kreuzzwerg (Kreuzberg) 172

Familiencafé mit Wohnzimmeratmosphäre, fünf Minuten entfernt vom Park am Gleisdreieck. Geräumiger Innenbereich auf 150 Quadratmetern mit vielen Spielmöglichkeiten: Bällebad, Krabbelraupe, Schaukelpferdchen, Rutschen und mehr. Mit großer Terrasse, die wunderbar von Frühjahr bis

Im Café des Amitola werden auch Kreativ-Workshops und Kindertheater angeboten.

Frühherbst bespielt werden kann. Auf der überschaubaren Speisekarte stehen hausgemachte Salate, Suppen und Quiches sowie selbstgebackener Kuchen. Samstag und Sonntag Frühstücksbuffet ab 10 Uhr. Unter der Woche gibt es diverse Kursangebote für Familien im Bereich Musik, Sport und Wellness.

Hornstraße 23 | Tel. (0 30) 97 86 76 09 | www.cafe-kreuzzwerg.de | Di–Do 10–18 Uhr | U-Bahnhof Mehringdamm (U6, U7)

Himbeerfrosch (Treptow)

Das kleine, freundliche Familiencafé im Zentrum von Adlershof bewirtet von früh bis nachmittags mit Frühstück, kleinen Gerichten und natürlich Kaffee und Kuchen. Für die Kinder gibt's ein Bällchenbad und eine Spielecke, bei schönem Wetter können sie auch im Garten buddeln und toben. Alles Bio, außerdem gibt es montags und dienstags eine Reihe von Baby-Kursen und Musikunterricht für kleine Anfänger.

Hackenbergstraße 29 | Tel. (0 30) 68 81 07 22 | Mi–Fr 9–18, Sa/So 9.30–17.30 Uhr | S-Bahnhof Adlershof

Amitola (Friedrichshain) `173`

Amitola bedeutet in der (indianischen) Navajo-Sprache „Regenbogen" und so bunt präsentiert sich auch der Laden mit Familiencafé und Veranstaltungsraum. Der Laden bietet Secondhand und neue Markenkleidung für Kinder, im Café werden leckere hausgemachte Speisen angeboten. Kinder verschwinden gern in der großen Spielecke. Angeboten werden auch Kreativ-Workshops wie Keramik bemalen und Kindertheater.

Krossener Straße 35 | Tel. (0 30) 86 20 49 84 | www.amitola-berlin.de | Mo–Sa 10–18 Uhr | U-Bahnhof Samariterstr. (U5) oder Tram 21 bis Wismarplatz

Carlaconradpaula (Friedrichshain) `174`

Kleines Eltern-Kind-Café nahe Traveplatz mit Extra-Spielzimmer für Kinder. Das gastronomische Angebot mit kleinen Speisen wie Waffeln, Kuchen und Sandwiches macht den Cafébesuch bei *Carlaconradpaula* zu einem lohnenswerten Ausflug. Praktisch: Ein Spielplatz liegt gleich nebenan.

Müggelstraße 13 | www.carlaconradpaula | Di–Fr 10–19, So–Mo 14–19 Uhr | S-/U-Bahnhof Frankfurter Allee

Die leckersten

Manchmal sind Dinge bei Kindern ganz einfach: Eis, das leuchtend blau ist, ist gut. Oder Schoko. Eis mit bunten Streuseln ist noch besser. Und Eis, das möglichst umgehend in der Faust erscheint, ist am allerbesten. Hier ein paar besondere Orte:

Aldemir (Kreuzberg) 175

Aldemir ist nicht nur eine Eisdiele, sondern der Mittelpunkt der drum herum entstandenen Gastronomie, die die gesamte Falckensteinstraße im Wrangelkiez zum Open-Air-Café macht. Zur Eisdiele gehört auch ein Blechverkauf sehr leckerer Pizza. Eis gibt es dort, wo die Ballons hängen und die lange Schlange

steht. Ingwer-Eis oder „Omas Apfelkuchen" zählen zu den Hauskreationen, die Waffeln sind selbst gebacken.

Falckensteinstraße 7 | Tel. (0 30) 6 11 83 68 | tgl. 10–24 Uhr | U-Bahnhof Schlesisches Tor

Eislabor (Prenzlauer Berg) 176

Bunter wird's nicht – das selbst hergestellte Eis in der Raumerstraße leuchtet knallig, die Kinder finden's super und so erkennt man auch diese Eisdiele an der langen Schlange. Die Sorten heißen Fassbrause, Waldmeister, Lakritze oder Holunder, und für die kurzen Eisbesteller gibt es eine Extra-Stufe vor der Theke.

Raumerstraße 32 | Tel. (0 30) 21 46 26 12 | Mo-Fr 12–20 Uhr | U-Bahnhof Eberswalder Str.

Florida Eiscafé (Spandau)

Den Namen trägt dieses Berliner Eis erst seit den 1980er Jahren, doch die Tradition des Familienbetriebs reicht bis in die 1920er Jahre zurück. *Florida Eis* (insgesamt über 50 Sorten) bekommt man längst im Supermarkt, im Handel und an Tankstellen und kann es sogar online bestellen. Am besten jedoch

Eisdielen

schmeckt's vor Ort – zum Beispiel im Spandauer Café in der Klosterstraße.

Klosterstraße 15 | Tel. (0 30) 3 31 56 66 |
www.floridaeis.de | tgl. 12–21 Uhr |
S-Bahnhof Spandau

Incontri (Friedrichshain) 177

Kleines Eiscafé mit großer Terrasse am Schleidenplatz. Supergutes Eis aus eigener Herstellung, Caféspezialitäten, leckere Waffeln. Das Besondere für Kids: Kinder können sich draußen mit diversen Fahrzeugen wie Bobbycar oder Dreirad, Spielsachen und Bilderbüchern vergnügen. Gegenüber auf dem Platz ist auch ein schöner Spielplatz mit Klettergerüst, Rutsche und Schaukeln.

Waldeyerstraße 7 | Tel. (0 30) 50 17 64 25 |
www.eiscafé-incontri.de |
März–Okt. tgl. 11–20 Uhr |
S-/U-Bahnhof Frankfurter Allee

Cuffaro (Prenzlauer Berg) 178

Bestes Eis von echten Italienern! Außerdem vereint *Cuffaro* auf kleinstem Raum Café, Feinkost, feine Pizza vom Blech, Urlaubsstimmung (dank Strandkorb), eine ganze Reihe Sitzplätze mit Tischen auf der kleinen Terrasse und Ausblick auf den Kollwitz-Spielplatz. Das Sortiment fluktuiert zwischen den klassischen Sorten, eingestreuten, exotischen Kreationen und Kindgerechtem wie Schlumpfeis oder Waldmeister.

Kollwitzstraße 66 | Tel. (0 30) 44 04 04 99 |
tgl. 10–24 Uhr | U-Bahnhof Senefelderplatz

Ausflüge – Ab aufs Land

Einfach mal raus, aufs Land, in die Natur, ins Grüne. Das tut der ganzen Familie gut.

Wochenend' und Sonnenschein – rund um Berlin im Wald allein zu sein, ist gar nicht so einfach, aber auch nicht unmöglich. Sind es doch viele Familien und Ausflügler, die bei Gelegenheit den Asphaltdschungel gerne gegen eine andere Kulisse eintauschen. Macht aber nichts, ist trotzdem schön. Es muss auch nicht immer Vogelgezwitscher und Blätterrauschen sein – viele Ausflugsziele in der näheren Umgebung versprechen auch eine Menge Unterhaltung und Abwechslung.

Tipp:
Informieren sollte man
sich vor dem Ausflug
über die unerfreulichen,
aber beherrschbaren
Wald-Probleme Ze-
cken und Fuchs-
bandwurm.

Natur erkunden

Vogelgezwitscher und Krabbelgetier, Blätterrauschen und dieser ganz spezielle Duft nach frischer Erde, gehen auf federnden Sandböden und die Chance, irgendwo ein Reh oder ein Eichhörnchen oder einen Vogel zu entdecken – Ausflüge in den Wald sind spannend für die Kinder und streicheln gleichzeitig die Seele der Erwachsenen.

Ökowerk am Teufelssee (Wilmersdorf)

Jedes Wochenende und natürlich in den Ferien gibt es im Naturschutzzentrum ein Programm mit Naturerlebnis- und Kreativerfahrungen. Das *Ökowerk* im *Alten Wasserwerk* liegt direkt am Teufelssee, ausgedehnte Spaziergänge im Grunewald – zum Beispiel zur Sandgrube im Jagen 86 – bieten sich an. Aber auch auf dem Gelände finden sich Teiche, Wiesen, ein Biogarten und vieles mehr. Im Wasserwerk selbst gibt die Ausstellung *Wasserleben* einen Einblick in den Berliner Wasserhaushalt. Freitags bis sonntags zwischen 12 und 18 Uhr, im Winter bis 16 Uhr versorgt auch ein Vollwert-Café die Ausflügler.

Teufelsseechaussee 22 | Tel. (0 30) 3 00 00 50 | www.oekowerk.de |
Di–Fr 9–18, Sa/So 12–18, im Winter Di–Fr 10–16, Sa/So 11–16 Uhr |
Kinder 1 €, Erw. 2,50 € Eintritt in die Ausstellung Wasserleben |
S-Bahnhof Heerstr. (S5) und ca. 25 Min. Fußweg

Tipp:
Aktuelle
Veranstaltungen
rund um Natur-
erlebnis und Umwelt-
schutz gibt's online
im **Berliner Umwelt-
kalender**
(www.umwelt-
kalender-berlin.
de).

Lehrkabinett am Teufelssee (Köpenick)

Vieles in Berlin gibt es dank der überwundenen Teilung ja doppelt in Ost und West, in Sachen Teufelssee kann man allerdings nicht der Mauer die Schuld an der Dopplung geben. Trotzdem Obacht: Es gibt einen gleichnamigen See in den Müggelbergen. Aber eigentlich auch egal, denn auch dort gibt es ein tolles Wald- und Naturerlebnis: Das *Lehrkabinett am Teufelssee* der Berliner Forsten informiert mit Dioramen über die heimische Tier- und Pflanzenwelt. Es gibt auch einen Fuchsbau-Nachbau zu erforschen. Vom Müggelheimer Damm aus führt ein mit Info-

Spannende Einblicke in die heimische (Unter-)Wasserwelt: Der Hochteich am Ökowerk macht's möglich.

tafeln bestückter Rundweg hierher, durch den Wald und, teils über Stege, am See vorbei.

Müggelheimer Damm 144 | Tel. (0 30) 6 54 13 71 | Mo–Do/So 10–16 Uhr | Eintritt frei | Bus X68 bis Rübezahl

Waldschulen des INU

Im gleichen Gebäude wie das Lehrkabinett ist auch eine der Waldschulen des *Infrastrukturellen Netzwerks Umweltschutz*, kurz *INU,* untergebracht. Die *Waldschule Teufelssee* richtet sich mit ihrem Angebot vorwiegend an Kitas und Schulklassen, aber auch Veranstaltungen für Familien stehen im Programm. Weitere Waldschulen befinden sich im Plänterwald, im Bucher Forst und am Bogensee. Eine fünfte Waldschule ist mobil und funktioniert als „Rucksack-Waldschule".

www.inuberlin.de

Tipp:
Auf der Webseite des INU finden sich auch die Angebote des **Freilandlabors Marzahn**, das Workshops und Führungen zu vielfältigen Umweltthemen veranstaltet.

Tipp:

Ist in Ihrem Kind der Waldbeschützer erwacht? Dafür gibt's auch einen Verein. Zur Schutzgemeinschaft Deutscher Wald gehört die **Waldjugend in Berlin und Brandenburg** mit Sitz im Naturschutzzentrum im Alten Grenzturm in Frohnau und einem Gruppen- und Ferienprogramm.
www.waldjugend-bb.de

Waldmuseum und Waldschule (Wilmersdorf)

Und noch einmal zurück in den Grunewald. Die *Schutzgemeinschaft Deutscher Wald* unterhält hier ein Waldmuseum und eine Waldschule. Das Waldmuseum zeigt Großdioramen der Waldtiere, viele Fundstücke aus Wald und Wildnis wie Vogelnester oder Eulengewölle. Mit einem Mikroskop oder auf dem Barfußpfad kann man dem Wald mit allen Sinnen näher kommen und wer es ganz genau wissen will, nimmt an einer der Führungen oder den waldpädagogischen Programmen teil. Einmal im Monat gibt es auch eine Nachtwanderung.

Königsweg 4/Jagen 57 | Tel. (0 30) 8 13 34 42 | www.waldmuseum-waldschule.de | Di–Fr 10–15, So 13–16 Uhr | Kinder 1 €, Erw. 1,50 € | S-Bahnhof Grunewald (S7) und ca. 6 Min. Fußweg

Jugend in Berliner Wäldern (Zehlendorf und Spandau)

Und noch mehr Waldschulen: Drei Jüngere unterhält der Verein *Jugend in Berliner Wäldern* in Zehlendorf und Spandau. Auch hier ist das eigentliche Programm ein Angebot an Schulen und Kitas, doch finden auch regelmäßig Familienwaldtage und natürlich offene Ferienprogramme statt. Da kann man zum Beispiel auf einer Waldwanderung Materialien für den Floßbau sammeln und die Bauwerke auch gleich zu Wasser lassen. Oder auch einfach mal im Wald spielen und dabei die eigene Geschicklichkeit erforschen.

Tel. (0 30) 80 49 51 80 (Zehlendorf) bzw. (0 30) 3 36 30 55 (Spandau) | www.jibw.de

Tipp:

Zum Thema Wald und Jugend fallen einem natürlich auch die **Pfadfinder** ein, die das Naturerlebnis als Hintergrund für ihre pädagogische Arbeit und der Erziehung zum verantwortungsvollen Miteinander nutzen. „Stämme", das heißt Gruppen, gibt es eine ganze Reihe in Berlin, für Übersicht sorgt der Dachverband BdP.
www.bdp-bbb.de

Radtouren

Eltern und Kinder in Bewegung, zwischendurch viel Interessantes zu sehen. Beim gemeinsamen Radausflug gibt es mit Sicherheit viel zu erleben. Die Auswahl der Route gibt ja nur die grobe Richtung vor. Der Rest passiert unterwegs. Nebenbei lässt sich die Verkehrssicherheit der jüngeren Radfahrer üben, und ein Picknick gehört natürlich auch unbedingt dazu.

Pankeweg

Aus der Berliner Mitte heraus ins Grüne. Der Pankeweg führt aus der Friedrichstadt nach Bernau immer entlang des Flüsschens Panke. Er ist ausgeschildert und trägt im System der *20 grünen Hauptwege* die Nummer 5. Es geht quer durch den Wedding, dann durch den Bürgerpark Pankow und den Schlosspark am Schloss Niederschönhausen und schließlich in nordöstlicher Richtung aus der Stadt hinaus. Von Pankow bis Bernau verläuft auch der Radweg Berlin-Usedom auf der Strecke. Praktischerweise führt die S-Bahnlinie nach Bernau (S2) in etwa parallel, so dass man auch in Karow, Berlin-Buch oder Zepernick unterbrechen und zurückkehren kann.

www.panke.info

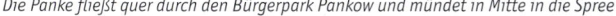

Die Panke fließt quer durch den Bürgerpark Pankow und mündet in Mitte in die Spree

20 grüne Hauptwege

Der Pankeweg ist als Teilstrecke des Nord-Süd-Weges einer von *20 grünen Hauptwegen*. Dieses Projekt wurde von der Senatsverwaltung für Stadtentwicklung Berlin in Zusammenarbeit mit dem BUND, dem Fuss e. V. und dem Berliner Wanderverband e. V. erarbeitet und wird von letzterem betreut. Es beschreibt 20 Touren kreuz und quer durch Berlin, auf denen man dem Straßenverkehr kaum begegnet und eben tatsächlich, ob zu Fuß oder auf dem Rad, im Grünen unterwegs ist. Die Wege sind nummeriert und markiert und werden im Einzelnen auf den Seiten der Senatsveraltung beschrieben, die Daten gibt es auf OpenStreetMap und auch zum Herunterladen für Google Earth oder ein GPS Gerät.

www.stadtentwicklung.berlin.de

Der Berliner Mauerweg

160 Kilometer Radtour, unterteilt in drei Etappen, führen quer durch Berlin und rings um die Stadt herum, stets entlang des ehemaligen Grenzverlaufs. Unterwegs immer wieder Geschichtszeugnisse und Informationstafeln, die an die Geschichte der Mauer erinnern. Eine Radtour auf diesen Strecken ist also ein Ausflug ins Grüne plus Geschichtsstunde am Originalschauplatz. Innerhalb des Stadtgebiets führt der *Mauerweg 1* 50 Kilometer lang vom Dorf Lübars bis nach Schönefeld. Es empfiehlt sich der Start am S-Bahnhof Hermsdorf. Durch das idyllische Tegeler Fließ führt die Tour zum Naturschutzgebiet Köppchensee und dem Aussichtspunkt im Freizeitpark

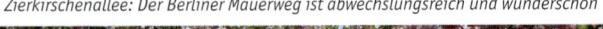

Zierkirschenallee: Der Berliner Mauerweg ist abwechslungsreich und wunderschön

Lübars. Und dann geht es vorbei an vielen Sehenswürdigkeiten, an Grenzübergängen, am Regierungsviertel,
an den innerstädtischen Punkten des Mauer-Tou-
rismus, an Landwehrkanal und Teltowkanal und
schließlich nach Schönefeld, wo am Flughafen
wieder die S-Bahn für die Heimfahrt wartet.
Die *Mauerwege 2* und *3* dann vielleicht an den
nächsten Wochenenden?

S-Bahnhof Hermsdorf (S1)

Berliner Fahrradroutennetz

Der *Mauerweg* ist Teil des Berliner Fahrradrou-
tennetzes, das die Senatsverwaltung für Stadtentwicklung betreut. Bisher 14 markierte Radwanderwege führen kreuz und quer durch Berlin und das
Umland, Tendenz steigend. Einige sind Teilstrecken der
europäischen Radwanderwege. Alle Strecken gibt es als PDF-
Karten zum Download, auch die GPS-Daten lassen sich direkt abspeichern
und lotsen einen mit einem entsprechenden Gerät entlang der Tour. Eine
Übersichtskarte steht zum Download bereit, ein gedrucktes Exemplar kann
man sich in der Broschürenstelle der Senatsveraltung Am Köllnischen
Park 3 (Mo–Fr 10–18 Uhr) kostenfrei abholen.

www.stadtentwicklung.berlin.de

Flaeming-Skate

Unweit Berlins können Skater mal richtig Gas geben: Sorgloses Skaten ohne
Straßenverkehr auf 230 Kilometern asphaltierter Strecke, das geht
in der reizvollen Landschaft des Niederen Flämings und
des Baruther Urstromtals. Das „schwarze Eis" ist
zwar grundsätzlich für Skater gedacht, aber
auch für eine komfortable Radtour abseits
der Straßen geeignet. Oder für Familien mit
gemischten sportlichen Interessen. Die
Wege sind hier zumeist drei Meter breit,
selten schmaler. Und außer an Kreuzun-
gen hat man nur mit anderen Inlinern
oder Fahrrädern zu rechnen. Unterwegs

Tipp:
Der Routen-
planer der Ver-
kehrsinformations-
zentrale macht **Routen-
vorschläge** quer durch die
Stadt, die man sich als Karte ausdrucken kann. Dabei
kann man auch das Fahr-
rad mit öffentlichen Ver-
kehrsmitteln kombi-
nieren. **www.viz.
berlin.de**

Tipp:
Der **ADFC** gibt einen
Fahrrad-Stadtplan für Berlin heraus. Darauf ist auch die
Qualität der Radwege verzeichnet. Erhältlich unter www.adfc-
berlin.de und im Buch- und Info-
laden in der Brunnenstraße 28.

Mal so richtig in Fahrt kommen: auf dem Flaeming-Skate

rollt man an vielen Rastplätzen vorbei, einige davon mit Schutzhütte. Auch Gasthöfe, Hotels und Campingplätze sind reichlich vorhanden.

www.flaeming-skate.de

Mit Audio Guide im Wald

Buchen und Klarwasserseen – das sind nicht nur die Markenzeichen des 800 Quadratkilometer großen Naturparks Stechlin, Ruppiner Land, sondern auch der Lebensraum zahlreicher Tiere wie Fischotter, Sumpfschildkröten oder Fischadler und Eisvögel. Einen Einblick in diese oft verborgene Welt verschafft das Besucherzentrum *NaturParkHaus Stechlin* in Menz. Liebevoll gestaltet, wird hier das Interesse für Wald und Wiesen geweckt.

Die Ausstellung beschränkt sich aber nicht nur auf das Gebäude: Im Haus kann man einen Rucksack ausleihen und sich auf drei Naturlehrpfaden von eineinhalb oder sechs Kilometern spielerisch mit den Lebensräumen Wald, Wiese und Moor beschäftigen – beispielsweise mit der Lupe Ameisen zählen oder sich mithilfe eines Spiegels wie ein Eichhörnchen fühlen.

Ebenfalls erhältlich ist ein Audioguide, der einen auf einer etwa 30 Kilometer langen Radtour mit Geschichten und Informationen begleitet.

NaturParkHaus Stechlin | Kirchstraße 4 | 16775 Stechlin-Menz | Tel. (03 30 82) 5 12 10 | www.naturparkhaus.de | Mai–Sep. Mo–Fr 10–17, Sa/So 11–17, Okt.–Apr. Mo–Fr 10–16, Sa/So 11–16 Uhr | Kinder bis 6 Jahre frei, Kinder 7–12 Jahre 2 €, Erw. 4 €, Familienkarte 8 € | RE5 bis Bahnhof Gransee, dann Bus 836 bis Menz, Am Friedensplatz

Erlebnisparks

Hier steht die Action im Vordergrund – und die Organisation des Ausflugs kann man quasi an den Parkbetreiber abgeben. Attraktionen, Shows, Tiere oder Verpflegung – alles an einem Ort zu finden. Ausflüge in den Wilden Westen, in Janoschs Traumland oder zu den Spuren der Industriekultur versprechen einen aufregenden Tag jenseits des „normalen" Stadtlebens. Die vorgeschlagenen Parks befinden sich alle im Umkreis von bis zu etwa einer Stunde Fahrzeit von Berlin.

Filmpark Babelsberg (Potsdam)

Vor den Toren Berlins liegt die Medienstadt Babelsberg – heute produziert hier die *Ufa*, früher die *Defa* Kino- und Fernsehfilme. Der dazugehörige Erlebnispark lässt hinter die Kulissen blicken und die Requisiten und den Schauplatz des ein oder anderen Films einmal aus der Nähe ansehen. Die kleineren Kinder freuen sich hier über eine Begegnung mit dem Sandmännchen oder Janoschs Tigerente, größere Kinder finden den originalen Löwenzahn-Bauwagen spannend und noch größere das Außenset von GZSZ. Täglich gibt es Stunt-Shows, Filmtiershows, Führungen, Fernsehshows und vieles mehr – aber es gibt auch Schließtage, bitte vor der Anreise auf der Webseite nachsehen.

Tipp: Ab drei Stunden vor Schließung gilt im Filmpark Babelsberg das **Schnupperticket** für 14 Euro pro Person.

Großbeerenstraße 200 | 14482 Potsdam-Babelsberg |
Tel. (03 31) 7 21 27 50 | www.filmpark-babelsberg.de |
Apr.-Okt. 10–18 Uhr | Kinder (4–16 Jahre) 14 €, Jugendliche ab 16 Jahren 17 €, Erw. 22 €,
Familienkarte 60 € | Bhf. Medienstadt (RE7) oder Bus (601, 690) ab Potsdam Hbf. oder
Babelsberg bis Filmpark

El Dorado Templin – Die Westernstadt

Etwa 60 Kilometer sind es bis in den Wilden Westen – in der brandenburgischen Version des El Dorado kann man selbstverständlich Gold waschen. Unwahrscheinlich, dass man dabei reich wird, aber vor dem Verarmen wiederum schützen zahlreiche Ermäßigungsangebote und günstige Übernachtungsmöglichkeiten in Ranchhäusern, Tipis oder dem Fort. Die Reise in die andere Welt kann also auch mehrere Tage andauern, man darf sich

dabei stilecht als Indianer oder Cowboy ausstaffieren, bogenschießen, Hufeisen werfen, Tiere streicheln, spielen, toben, die Stunt- oder eine der anderen Shows ansehen. Ein Besuch im Fotostudio bannt das Ereignis in ein echt historisches Foto. Einzelne Attraktionen wie das Goldwaschen bezahlt man mit El-Dorado-Dollars zu je 2,50 Euro.

Am Röddelinsee 1 | 17268 Templin | Tel. (0 39 87) 2 08 40 | www.eldorado-templin.de | Apr.–Okt. Sa/So/Fei und in den Ferien 10–18 Uhr | Kinder (ab 1,20 m) 11 €, Erw. 14 €, Familienticket 38 €, an Sonntagen 22 € | Bhf. Templin (RB12) und dann Bus 509 bis El Dorado oder Shuttleservice (Buchung unter Tel. (0 39 87) 3 02)

Familiengarten Eberswalde und Zoo

Nach Eberswalde fährt der Regionalexpress und hier warten gleich zwei Attraktionen auf unternehmungslustige Familien – die es eigentlich erforderlich machen, das kleine Städtchen im Norden Berlins immer einmal wieder zu besuchen. Der *Zoo Eberswalde* liegt in einem kleinen Wald, die Tiere sind von Aussichtsplattformen aus zu beobachten. Besonders spektakulär ist das Löwengehege, das die übliche Perspektive verkehrt: Die Besucher im Glaskasten, die Löwen drumherum. An jeder Ecke außerdem ein Abenteuerspielplatz für Kinder ab sechs.

Tipp: Der Familiengarten Eberswalde hat einen **eigenen Anlegesteg** am Finowkanal und kann somit auch per Boot oder Kanu erreicht werden.

Außerdem wartet der *Familiengarten Eberswalde* mit vielen aufregenden Attraktionen darauf, bespielt zu werden. Ein großer Kran, auf den man steigen kann, ein unterirdisches Gewölbe, das man auf dem Tretboot durchquert und zahlreiche andere Bauten der Sparte Industriedenkmal – dazu bezaubernde Gartenarchitektur und unerwartete Spielmöglichkeiten wie ein Hexenklettergerüst oder ein fliegender Teppich.

Zoo Eberswalde | Am Wasserfall 1 | 16225 Eberswalde | Tel. (0 33 34) 2 27 33 | www.zoo.eberswalde.de | tgl. ab 9 Uhr | Kinder ab 3 Jahre 3,50 €, Erw. 9 €, Familienkarte 23 € Familiengarten Eberswalde | Am Alten Walzwerk 1 | 16227 Eberswalde | Tel. (0 33 34) 38 49 10 | www.familiengarten-eberswalde.de | Apr.–Okt. 10–18 Uhr | Kinder 1,50 €, Erw. 3 € | Bhf. Eberswalde (RB24) und dann Bus (861, 862) bis Finow, Eisenspalterei

Große braune Bären: Im Zoo Eberswalde gibt es einige wilde Tiere zu bestaunen.

Ziegeleipark Mildenberg

Hier kann man sich ansehen, wo all die vielen Ziegel herkamen, aus denen Berlin gebaut wurde. Auf dem Gelände der Ziegelei wird die Geschichte der Ziegelherstellung in knapp 60 Brennöfen und der teilweise über 5 000 Angestellten anschaulich erzählt. Für Kinder noch spannender: ein Themen-Abenteuerspielplatz, ein kleiner Streichelzoo und die Bahnfahrten: Über das Gelände geht es mit der Originalbahn, die früher Ziegel und Kohle transportierte. Dampflok-Touren führen auch durch die umliegende Tonstichlandschaft. Ausruhen und Picknicken lässt es sich idyllisch auf der Picknickwiese am See, Grill-Equipment kann vor Ort ausgeliehen werden.

Ziegelei 10 | 16792 Zehdenick (OT Mildenberg) | Tel. (0 33 07) 31 04 10 | www.ziegeleipark.de | Apr.-Okt. tgl. 10–18 Uhr | Kinder 4 €, Erw. 8 € | Bhf. Gransee (RE5) und dann Bus 854 bis Mildenberg, Ziegeleipark oder Bhf. Zehdenick (Mark) (RB12) und dann Bus 838 bis Mildenberg, Ziegeleipark

Tipp:
Für 10 Euro darf man bei der **Fahrt durch die Tonstich-Landschaft** auf dem Führerstand mitfahren.

Tier-, Freizeit- und Urzeitpark Germendorf

Dinos, Tiere zum Streicheln, Badestrände und jede Menge Spielmöglichkeiten: Der Freizeitpark in Germendorf ist ein Erlebnis für Kinder. Die kommen auch zuhauf mit ihren Familien. Trotzdem ist selbst im Sommer noch genügend Platz auf dem riesigen Gelände, das auch zwei Seen und ein kleines Waldgebiet mit einschließt. Ein Mammut in Originalgröße gibt einen Vorgeschmack auf das große Urzeitgelände mit modellierten Riesensauriern und anderen Urzeittieren. Auch Neandertaler samt Höhle und einen Vulkan zum Besteigen gibt es hier. Davor liegt ein Tiergehege mit Rehen, Wildschweinen, Ziegen, bunten Vögeln und anderen Tieren. Beliebt ist auch der Kletterberg – allerdings landen die Kleinen ziemlich hart auf Kieselsteinen, wenn sie runterpurzeln. Pommesbuden sind vorhanden, aber auch sehr schöne Picknickplätze.

An den Waldseen 1a | 16515 Oranienburg (OT Germendorf) | Tel. (0 33 01) 33 63 |
www.waldsee-germendorf.de. | Apr.–Okt. tgl. 9–19 Uhr, Nov.–März tgl. 9–17 Uhr |
Kinder (2–6 Jahre) 1,50 €, Kinder (7–16 Jahre) 2 €, Erw. 4,50 € | S-Bahnhof Oranienburg (S1)
und dann Bus 824 bis Germendorf, Dorfstraße und ca. 20 Min. Fußweg

Tipp:
Zwei Badeseen laden in Germendorf zur Erfrischung ein. Besonders beliebt ist der flache Kindersandstrand neben dem Kletterberg.

Weitere Ausflugstipps

Bei gutem Wetter oder bei schlechtem Wetter – zuhause bleiben muss man auf keinen Fall. Insbesondere, wenn es vielleicht herbstlich ungemütlich oder winterlich kalt ist, macht eine Kurzreise in eine andere, wenn auch künstliche, Klimazone besonderen Spaß: beispielsweise in Potsdam oder Krausnick. Für die Besuche bei Pfauen, Wölfen oder Ponys sollte es natürlich zumindest einigermaßen trocken sein, aber zu unterschiedlichen Jahreszeiten haben auch diese Orte ihre ganz eigenen Reize.

Biosphäre Potsdam

Ein Ausflug in die Nachbarstadt lohnt natürlich auch wegen der herrlichen Lage an der Havel und der berühmten Schlossbauten. Nur wenige Gehminuten davon entfernt kann man aber auch einen halben Tag lang in die Tropen abtauchen. Tausende von Tropenpflanzen, dazu exotische Tiere in Terrarien und Aquarien und ein künstliches Gewitter entrücken Eltern und Kinder in eine andere Klimazone. Bezaubernd: Im Schmetterlingshaus fliegen die farbenprächtigen und teils handtellergroßen Falter frei. Aufregend: Der Höhenweg führt durch die hohen Baumkronen.

Georg-Hermann-Allee 99 | 14469 Potsdam | Tel. (03 31) 5 50 74-0 |
www.biosphaere-potsdam.de | Mo–Fr 9–18, Sa/So 10–19 Uhr |
Kinder (ab 2 Jahren) 4,50 €, erm. 7,70 €, Erw. 11,50 €, Familienkar
te 33,50 €, Minifamilienkarte 22 € | Potsdam Hbf. (RE1, S7) und dann Tram 96
bis Volkspark

Tipp:
Wer für die Biosphäre Potsdam drei Wochen im Voraus online bucht, bekommt das **Familienticket** günstiger.

Pfaueninsel (Zehlendorf)

Eine kurze Fährfahrt vom Glienicker Park entfernt liegt ein kleines Paradies in der Havel: Auf der Pfaueninsel leben Dutzende freilaufende Pfaue in einer unwirklichen Kulisse – sie zeugt von den romantischen Träumen preußischer Könige. Innerhalb einer Stunde kann man die märchenhafte Insel, durch ein Blumenmeer spazierend, einmal umrunden und wird dabei stets auf die schillernd blauen und teilweise irritierend schneeweißen Vögel treffen, die auch gerade ihrer Wege gehen. Die Anlage und Gebäude

Tipp:
Das Schloss und die Meierei sind jeweils mit **Führungen** zu unterschiedlichen Zeiten zu besichtigen, Auskunft darüber und auch einen **Audioguide** zum Download unter: www.luise.tomis.mobi

samt Einrichtung zählen heute zum UNESCO-Welterbe. Außerdem gilt die Insel als Naturschutzgebiet. Die Abgeschiedenheit der Pfaueninsel nutzte bereits der Große Kurfürst: Er ließ den Alchimisten seines Vertrauens hier mit Feuer und Glas experimentieren, was Rauchschwaden und Gestank erzeugte und die Bewohner des Festlandes erschreckte. Das Schloss der Pfaueninsel wurde kunstvoll als römische Ruine gestaltet. Die märchenhafte Anlage der Pfaueninsel ist ein Werk Lennés, er legte auch einen Tiergarten an, der später die Basis für den Berliner Zoo bildete. Auf der Insel gibt es „nur" noch Volieren. Hunde und Fahrräder sind nicht erlaubt.

Nikolskoer Weg | Tel. (0 30) 80 58 68 31 | Betriebszeiten der Fähre: Nov.–Feb. 10–16 Uhr, März/Okt. 9–18 Uhr, Apr./Sep. 9–19 Uhr, Mai–Aug. 8–20 Uhr | Kinder 3 €, Erw. 4 €, Familienkarte 8 € | S-Bahnhof Wannsee (S1, S7) und dann Bus 218 bis Pfaueninsel

Tropical Islands (Krausnick)

Und noch ein Ausflug in die brandenburgischen Tropen, diesmal zum wirklich Selbsteintauchen: Das Freizeitbad *Tropical Islands* lohnt sich vor allem im Winterhalbjahr, wenn es draußen wirklich ungemütlich ist. Und dann kann man sich in der größten freitragenden Halle weltweit, die eigentlich zum Parken von Zeppelinen gedacht war, unter Palmen an einem feinen Sandstrand räkeln, dabei die Kleinen buddeln lassen und das warme Wasser genießen. Die Luft hat 26 Grad, das Wasser 32, die Luftfeuchtigkeit ist hoch, der Horizont künstlich und die Südsee-Kulisse vereint entspannt Tropendörfer, Regenwaldpflanzen und unterschiedlichste Gastronomie – Sinn für schräge Atmosphäre sollte man haben, und dann kann man das Südsee-Erlebnis dank interner Übernachtungsmöglichkeit sogar über Tage ausdehnen.

Tropical-Islands-Allee | 15910 Krausnick | Tel. (03 54 77) 60 50 50 | www.tropical-islands.de | tgl. rund um die Uhr geöffnet | Kinder bis 5 Jahre frei, Tagesticket (6–24 Uhr) Kinder 28,50 €, Erw. 36 €, Kurzzeitticket ab 7,50 € für Kinder und ab 10 € für Erw. | Bhf. Brand (RB19) und dann kostenloser Shuttlebus oder mit Flixbus/Mein Fernbus

Schloss Diedersdorf

Das Schloss, etwa elf Kilometer vom südlichen Berliner Stadtrand entfernt, eignet sich auch als Zielort einer Fahrradtour. Und dann erwartet die ganze Familie eine Runde Entspannung in fürstlicher Atmosphäre. Ein großer Spielplatz, ausleihbare Kettcars, Ponyreiten oder Fahrten mit dem Kremser des ansässigen Reiterhofs begeistern die Kleinen – und alle Hungrigen freuen sich über die unterschiedlichsten Restaurants und Cafés in den Schlossräumen. Für Kinder gibt es auch ein Extra-Schloss, das ist nicht ganz so stilecht, aber dafür hält es eine Menge aus: Ein großer Indoorspielplatz ist darin verborgen, der etwas Eintritt kostet, dafür aber betreut wird.

Kirchplatz 5 | 15831 Diedersdorf (OT Großbeeren) | Tel. (0 33 79) 35 35–0 |
www.schlossdiedersdorf.de | Spielschloss Mi–Fr 12–18, Sa 12–19, So 10–18 Uhr, Mo/Di nach
Vereinbarung | Spielschloss + Hüpfblase + Trampolinanlage: 30 min. 2,50 €, 60 min. 4 €,
Tagesticket 7 € | S-Bahnhof Blankenfelde (S2) und dann Bus (704, 720) bis Diedersdorf
(TF), Friedhof

Wildpark Schorfheide

Eine knappe Autostunde nach Norden aus der Stadt heraus liegt dieser schöne Wildpark mitten im Wald. Bis zu sieben Kilometer Spazierweg führt vorbei an Gehegen, in denen Wölfe, Luchse oder Elche mit weitem Auslauf leben – allesamt Tierarten, die in der Schorfheide heimisch sind oder waren.

Ein paar freche Wollschweine laufen frei herum, ein Streichelgehege mit Ziegen erfreut kontaktfreudige Kinder, Aussichtstürme erleichtern das Tiereerspähen. Kinder sollten schon gut zu Fuß sein oder in einem geländegängigen Kinderwagen sitzen, auch Kremserfahrten werden angeboten. Ein Abenteuerspielplatz mit Super-Rutsche und ein Ausflugslokal runden den Besuch ab.

Tipp:
Im Wildpark Schorfheide sind sogar **Hunde** erlaubt – aber natürlich nur angeleint.

Prenzlauer Straße 16 | 16244 Schorfheide (OT Groß Schönebeck) | Tel. (03 33 93) 6 58 55 |
www.wildpark-schorfheide.de | tgl. 9–19 Uhr | Kinder bis 4 Jahre frei, Erw. 6 €,
Führungen 20 €, nur Barzahlung | Bahnhof Groß-Schönebeck (RB27)

Praktische Tipps

Berlin ist groß und trubelig und nicht immer ganz übersichtlich. Ein paar Tipps können da sicher helfen.

Berlin, das sind: 892 Quadratkilometer, rund 3,4 Millionen Einwohner im Stadtgebiet, darunter eine halbe Million Kinder und Jugendliche, 12 Bezirke nach neuer Zählung, 10 U-Bahn-, 15 S-Bahn- und unüberschaubar viele Buslinien, 916 Brücken, 191 Kilometer Radwege, rund eine Million Touristen jährlich, 5 % City-Tax, 60 Euro kostet das Fahren ohne Fahrschein, 15 Minuten Parken können bis zu einen Euro kosten, 50 Cent werden für eine öffentliche Toilette erwartet ... Es gibt viel zu wissen und zu bedenken. Einige Ratschläge im Folgenden.

Unterwegs in Berlin

Viel vor in Berlin – aber weite Strecken zurückzulegen? Dank der öffentlichen Verkehrsmittel ist das überhaupt kein Problem. S-Bahnen durchmessen die weiten Entfernungen, U-Bahnen und Straßenbahnen die Mitteldistanz, und für die Feinheiten fährt bestimmt irgendwo ein Bus. Um die richtige Kombination für Ihren Ausflug zu finden, lohnt sich der Besuch auf www.bvg.de beziehungsweise der Download der BVG-App. Dort wird die beste Verbindung auch für Kinderwagenpiloten errechnet, selbst das Ticket kann man per App kaufen.

Zu Fuß

Kurz: Berlin ist groß, also ist der Weg von A nach B im Zweifel weit und damit erst recht zu weit für kleine Füße. Sind die Füße noch so klein, dass sie im Kinderwagen mitfahren, sind längere Stadtspaziergänge hingegen durchaus angesagt, denn die Stadt ist – größtenteils – flach. Keine effiziente Fortbewegungsart, gemessen an den Distanzen, aber eventuell gespickt mit interessanten Dingen am Wegesrand. Das in diesem Verlag erschienene Buch „Berlin – Kiez für Kiez. 80 Spaziergänge durch ganz Berlin" sei empfohlen. Oder das Netz der Berliner (Rad-) Wanderwege (▶ Seite 141).

Bahnen und Busse in Berlin sind größtenteils auch mit Kinderwagen sehr gut nutzbar

S-Bahn

Die S-Bahn ist das schnellste Verkehrsmittel, um in Berlin von A nach B zu kommen. Einmal quer durch die Stadt von Zoologischer Garten nach Ostbahnhof dauert etwa 20 Minuten, der auf dem S-Bahn-Plan gut zu erkennende S-Bahn-Ring wird von den Linien 41 und 42 linksrum wie rechtsrum im Fünf- bis Zehnminutentakt befahren. Zur zeitlichen Orientierung: Einmal „rum" dauert eine Stunde, jedes Kreisviertel circa 15 Minuten. Der Einstieg in die Bahnen ist eben und auch mit Kinderwagen gut zu bewältigen, wo man das Gefährt gut abstellen kann, zeigen Hinweisschilder außen am Waggon. Aufzüge gibt es an allen Bahnhöfen im Stadtgebiet.

U-Bahn

Die U-Bahn durchzieht Berlin mit einem engen Netz, das einen im dichten Takt quasi überallhin befördert. Auch hier gilt die Kinderwagen-Beschilderung an den Waggons, allerdings sind nicht alle Bahnhöfe mit Aufzügen ausgestattet. Auf dem Liniennetzplan, der an den Bahnhöfen aushängt und der auch auf der Website der Berliner Verkehrsbetriebe www.bvg.de heruntergeladen werden kann, sind die Aufzüge eingezeichnet. Bei der Suche nach einer Verbindung ohne Treppen-Hindernisse kann das Auskunftssystem auf „barrierefrei" eingestellt werden.

Bus- & Bahn-Tickets

Ein Einzelfahrschein ist relativ teuer, für kurze Wege (3 Stationen U- oder S-Bahn mit Umsteigen sowie 6 Stationen Bus oder Tram ohne Umsteigen) eignet sich die günstigere Kurzstrecke. Beide Fahrkarten gibt es als **Viererticket** günstiger, ab drei normalen Fahrten lohnt ein **Tagesticket**. Kinder bis 6 Jahre fahren umsonst mit, für Kinder bis 14 Jahre gilt der ermäßigte Fahrpreis. Auf Wochen- und Monatskarten fahren Begleitpersonen und Kinder zwischen 6 und 14 Jahren am Wochenende kostenfrei mit. Ferner gibt es **besondere Angebote für Berlin-Besucher.**

Bus & Tram

Busse fahren irgendwie überall und auch überall hin. Manche Verbindungen quer durch die Stadt sind erstaunlich, allerdings sind sie dank der vielen Zwischenhalte teils sehr langsam. Also sind Busse am besten geeignet, um im Anschluss an U- oder S-Bahnfahrten das letzte Stück zurückzulegen. Die Busse neigen sich dem Kinderwagenfahrer freundlich und hydraulisch entgegen, bitte hinten einsteigen. Bei den Straßenbahnen gibt es noch vereinzelt Exemplare, die nicht barrierefrei zu erklimmen sind, aber bis 2017 sollen auch diese Wagen ersetzt werden. Ein besonderer Fall sind die MetroBusse und MetroTrams, erkennbar am M vor der Liniennummer: Sie verkehren tagsüber im 10-Minutentakt und nachts alle halbe Stunde.

Nachtbusse

In Berlin bringen einen die Öffentlichen rund um die Uhr nach Hause. Allerdings nachts mit Einschränkungen. Die Nachtbusse verkehren im Halbstundentakt in etwa auf den Strecken der U-Bahnlinien.

Fahrrad

Berlin wurde nicht auf sieben Hügeln, sondern „nur" am Fuße des Prenzlauer Berges erbaut, und so kann man das Radfahren in der Stadt durchaus empfehlen. Radwege gibt es quasi überall, eine gewisse Unerschrockenheit im Stadtverkehr sollte allerdings gegeben sein, sonst strapaziert das innerstädtische Verkehrsleben die Nerven zu sehr, gerade wenn Kinder im Kindersitz, Anhänger oder auf dem eigenen Gefährt zugegen sind. Mietfahrräder gibt es an jeder Ecke. Zum einen unterhält die Bahn ihre Mietfahrräder – Information und Anmeldung unter www.callabike.de, zum anderen vermieten viele Spätis Fahrräder zu zehn Euro am Tag. Für Mietsachen mit Kindersitz oder ähnliches muss allerdings schon ein Fachgeschäft aufgetan werden. Einen Fahrrad-Stadtplan gibt's beim ADFC (▸ Seite 141).

Auto

Tipp:
Zu Besuch in einer „Parkbewirtschaftungszone"? Bei der **Senatsverwaltung** kann ein **Gästeparkausweis** mit einer Gültigkeit von bis zu vier Wochen beantragt werden. Zur rechtzeitigen Abwicklung empfiehlt sich eine postalische Abwicklung mit mindestens drei Wochen Vorlaufzeit.

Es mag eine unpopuläre Meinung sein, aber es ist gar nicht so schlecht, in Berlin mit dem Auto unterwegs zu sein. Wenn man sich nicht gerade in die Rush Hour wirft – also versucht, zwischen halb fünf und sechs Uhr abends die Stadt zu verlassen oder von Ost nach West zu durchqueren – dann führen einen breite, große Straßen kreuz und quer überall hin. Und auch ein Parkplatz ist eigentlich immer ganz gut zu finden.

In den Innenstadtbereichen praktiziert die Stadt die sogenannte „Parkraumbewirtschaftung", und das auch mit Nachdruck: Wo ein Parkautomat steht, lohnt Schwarzparken definitiv nicht, das Ordnungsamt patrouilliert in engmaschigem Rhythmus. Die Parkautomaten lassen sich zum Teil auch mit SMS beschwichtigen, an anderen weist ein orangenes Schild auf eine Website hin, über die man sich im Vorfeld bei Betreibern anmelden beziehungsweise Apps herunterladen kann: www.mobil-parken.de. Innerhalb des S-Bahn-Rings gilt die Umweltzone, das bedeutet, dass Autos ohne grüne Plakette leider draußen bleiben müssen. Mit Anschluss an den S-Bahn-Ring gibt es im Stadtgebiet 44 Park & Ride Parkplätze. Über diese und die aktuelle Verkehrslage informiert die Berliner Verkehrsinformationszentrale.

www.viz.berlin.de

Taxi

Wer ein Taxi ruft, sollte besonders bei einem Kind unter vier Jahren anmelden, dass ein Kindersitz benötigt wird.

Zentraler Taxiruf Tel. (0 30) 20 20 20 | Taxi Würfelfunk Tel. (0 30) 21 01 01

Die Berliner Sehenswürdigkeiten lassen sich auch super per Fahrrad entdecken. Verkehrssicherheit vorausgesetzt.

Tourismusangebote

Bei der großen Anzahl an Touristen, die Berlin das ganze Jahr über besuchen, gibt es selbstverständlich auch spezielle Touristenangebote.

Welcome-Card

Die *Welcome-Card* beinhaltet ein Dauerticket für den öffentlichen Nahverkehr und zusätzlich Ermäßigungen von 25 bis 50 Prozent bei den zahlreichen, teilnehmenden Museen und Veranstaltungsorten. Wählbar sind zwei bis fünf Tage sowie die Tarifbereiche AB (das Stadtgebiet) oder ABC (plus Umland und Potsdam). Bei letzterem fahren Kinder bis 14 Jahre kostenfrei mit. Kinder unter sechs Jahren befördert die BVG sowieso gratis.

www.berlin-welcomecard.de | ab 19,50 €

Welcome-Card & CityTourCard

Beide Angebote sind erhältlich unter **www.visitberlin.de**, in Touristeninformationen und vielen Hotels sowie an den BVG-Verkaufsstellen in den großen Bahnhöfen. Auch an BVG-Fahrkartenautomaten kann man die Tickets erwerben und direkt losfahren, das Faltblatt, dass die Ermäßigungen ermöglicht, muss man sich dann allerdings noch in einer der Verkaufsstellen aushändigen lassen.

Die CityTourCard

Ein verwandtes Angebot ist die *CityTourCard*: Auch hier kann man zwischen einer Gültigkeit von zwei bis fünf Tagen wählen, auch hier fahren bei der Variante Tarifbereich ABC bis zu drei Kinder zwischen 6 und 14 Jahren kostenfrei mit. Es gibt 15 Prozent Rabatt auf die Angebote von 50 Partnern.

www.citytourcard.com | ab 17,40 €

Museumspass Berlin

Für das intensive Museumserlebnis gibt es den *Museumspass Berlin*: Er bietet freien Eintritt in 50 beteiligte Museen an drei aufeinander folgenden Tagen. Für Erwachsene kostet die Karte 24 Euro, für Schülerinnen und Schüler 12 Euro. Erhältlich online und per Telefon sowie in Hotels und Tourismus-Informationen. Merke: In den Staatlichen Museen ist der Eintritt für Jugendliche bis 18 Jahre generell frei.

Tel. (0 30) 25 00 25 | www.visitberlin.de

Wickelfragen

Ja, es passiert immer dann, wenn man es am Wenigsten gebrauchen kann: Das eben noch unruhige Kleinstkind entspannt sich und ein unzweideutiger Geruch breitet sich aus. Und bevor die oder der Mini-Mitreisende durchfeuchtet oder seine Gegenwart nicht mehr zu ertragen ist, muss dem Abhilfe geschaffen werden. Bloß wo? Die warmen Monate, in denen man das Kind gerne auch auf der nächsten Parkbank entkleidet, sind der kleinere Teil des Jahres.

Kaufhäuser und Einkaufszentren

Im Alexa, im KaDeWe, in den Kaufhäusern und in den zentralen Shopping-Passagen in beinahe jedem Bezirk finden sich selbstredend öffentliche Toiletten mit Wickeltischen oder sogar -räumen.

Drogeriemarktketten

Rossmann und *dm* – diese beiden Ketten bieten in vielen ihrer Filialen Wickeltische an, sogar inklusive Windeln und Pflegeprodukten zur Benutzung. Es gibt intimere Orte für den Wickelvorgang, aber so wickelt es sich zumindest warm und trocken und fehlendes Zubehör kann man nebenher auch noch schnell ergänzen. *Rossmann* gibt es über 100 Mal in Berlin, *dm* hat über 60 Zweigstellen – und hier kann man sich auf der Webseite beim Filialsucher den Wickeltisch auch anzeigen lassen.

www.dm.de | www.rossmann.de

Öffentliche Toiletten

Etwa 250 sogenannte „City-Toiletten" unterhält die Wall AG im Stadtraum. Das sind meist graue „Stadtmöbel" mit einem ovalen Grundriss. Wickeltische haben leider die wenigsten, aber für ein paar Cent findet man hier zumindest einen geschützten Raum.

Weitere, öffentlich zugängliche Toiletten findet man beim Stadtbummel zum Beispiel in den großen Museen, in Rathäusern und Behörden, in großen Kino-Komplexen, bei McDonald's und in den großen Bahnhöfen Alexanderplatz, Ostbahnhof, Friedrichstraße, Zoologischer Garten. Keine Wickeltisch-Garantie, aber eine Möglichkeit.

Tipp:
Für Selbstversorger und alle, die
ihren eigenen Rhythmus und ihre
Privatsphäre schätzen, eignet sich
natürlich eine **Ferienwohnung** am
besten. Zu finden beispielsweise unter **www.ferienwohnung-
berlin.de** oder auch
www.airbnb.com.

Übernachten in Berlin

Kinderfreundliche Unterkünfte zeichnen sich dadurch aus, dass Kinder hier nicht nur geduldet werden, sondern ebenso willkommen sind wie ihre erwachsenen Begleiter. Familienzimmer, Spielmöglichkeiten und ein Preis, der die Sache für die Familie erschwinglich macht, sind dabei ein Muss. Und dann ist es auch noch sinnvoll, dass die Herberge einigermaßen zentral gelegen ist, damit nicht schon die Anreise zum Stadtbesichtigungsprogramm die Nerven von kleinen Reisenden und großen Reiseleitern zu sehr belastet.

● **Jugendherbergen & Hostels**

Jugendherberge Ernst Reuter (Reinickendorf)

Die Jugendherbergen des *Deutschen Jugendherbergswerks* (DJH) bieten ein breites Spektrum an Komfort. Oft sind sie eher praktisch und feucht abwischbar als schick. Dafür sind sie für Familien, Jugendliche und Kinder gemacht und gedacht. Die Preise sind erschwinglich, einzige Voraussetzung ist die Jahresmitgliedschaft.

Die Jugendherberge *Ernst Reuter* in Hermsdorf ist ein Beispiel für gut erhaltenen 80er-Jahre-Schick in Dunkelgrün, dafür ist sie preisgünstig, die Bushaltestelle direkt vorm Haus und die Herbergseltern vielgepriesen nett.

Hermsdorfer Damm 48–50 | Tel. (0 30) 4 04 16 10 | www.jugendherberge.de |
U-Bahnhof Alt-Tegel und dann Bus 125 bis Jugendherberge

Jugendherberge am Wannsee (Zehlendorf)

Diese DJH-Jugendherberge ist nicht zentral gelegen, sondern exklusiv. Am Wannsee nämlich, in fußläufiger Entfernung zum Strandbad (► Seite 22) und mit eigener Aussichtsterrasse. Mit der S-Bahn ist man schnell in der Stadt, und zwar sowohl in Berlin als auch in Potsdam. Eine Auszeit vom Stadtbesichtigen bietet allerdings der Grunewald, der quasi hinterm Haus beginnt.

Neben einer stattlichen Anzahl von Familienzimmern verfügt die Jugendherberge am Wannsee auch über zwei Appartements mit je drei Schlafzimmern. Einzige Voraussetzung ist die Jahresmitgliedschaft im Deutschen Jugendherbergswerk. Diese kostet für Familien nur 22 Euro.

Badeweg 1 | Tel. (0 30) 8 03 20 34 |
www.jugendherberge.de | S-Bahnhof Nikolassee

Jugendherberge Berlin-International (Tiergarten)

Die dritte Jugendherberge des DJH liegt unweit des Potsdamer Platzes und seiner vielen Sehenswürdigkeiten am Schöneberger Ufer. Sie ist modern ausgestattet und eingerichtet und bietet Familienzimmer sowie extra Spielzimmer für Kinder. Ein Außengelände mit weiteren Spielmöglichkeiten gibt es hinter dem Haus. Hier logiert man ideal zwischen City-Ost und City-West und ist durch die umliegenden U-Bahnstationen perfekt angebunden. Vom Hauptbahnhof gibt es eine Bus-Direktverbindung (M85 bis Lützowstraße/Ecke Potsdamer Straße); der Bus M29, der am Schöneberger Ufer verkehrt, fährt vom Bahnhof Zoo via Kreuzberg bis Neukölln.

Kluckstraße 3 | Tel. (0 30) 7 47 68 79 29 | www.jugendherberge.de |
Bus M29 bis Gedenkstätte Deutscher Widerstand

Jugendgästehaus Hauptbahnhof (Mitte) 180

Diese Jugendherberge wird von der Berliner Stadtmission betrieben und liegt nur fünf Minuten Fußweg vom Hauptbahnhof entfernt. Für Familien gibt es Familienzimmer und einen separaten Aufenthaltsraum mit Sofaecke, Wickeltisch und Spielsachen. Auch auf dem Freigelände kann gespielt werden. Für besondere Bedürfnisse gibt es auch einige barrierefreie Zimmer. Die Preise sind günstig, zudem übernachten Kinder bis 12 Jahre umsonst. Von der Steckdosensicherung bis zum Kinderbett wird alles, was kind so braucht, ausgeliehen.

Lehrter Straße 68 | Tel. (0 30) 39 83 50-0 | www.jgh-hauptbahnhof.de | Hauptbahnhof

Three Little Pigs Hostel (Kreuzberg) ⓫⑧①

Ein Haus mit einer einzigartigen Atmosphäre: Das über 100 Jahre alte Gebäude war früher ein Schwesternwohnheim. Auch Zeiten als Lazarett und als Flüchtlings-Notunterkunft hat das historische Gemäuer hinter sich. Ein roter Backsteinbau mit sakralen Türmen und Rundbögen. Man schläft friedlich zum ruhigen Innenhof hinaus und befindet sich dabei ausgesprochen zentral in der Berliner Mitte. Zimmer gibt es in allen möglichen Größen, die Rezeption ist rund um die Uhr besetzt und verleiht auch Fahrräder.

Stresemannstraße 66 | Tel. (0 30) 26 39 58 80 | www.three-little-pigs.de | S-Bahnhof Anhalter Bahnhof

A&O Hostels (4 x in Berlin) ⓫⑧②

Die *A&O Hostels* bieten komfortable Übernachtungen für den kleinen Geldbeutel – dafür muss man in Kauf nehmen, dass es in den großen Häusern auch mal ziemlich laut werden kann, weil die jungen Leute, die eben nicht mehr mit den Eltern reisen, das Berliner Nachtleben in vollen Zügen genießen. Für Familien gilt: Kinder und Jugendliche bis 18 Jahre übernachten kostenfrei. Für die Kleinen gibt es einen Spielbereich. Das Hostel, das direkt am Hauptbahnhof gelegen ist, hat eine Dachterrasse mit Ausblick über die ganze Stadt.

z. B. A&O Berlin Hauptbahnhof | Lehrter Straße 12 | Tel. (0 30) 32 29 20-42 00 | www.aohostels.com | Hauptbahnhof

Weitere A&O Hostels in Berlin Mitte, Friedrichshain und Hohenschönhausen

So fängt der Tag im Jugendgästehaus gut an: gemeinsam beim Frühstück im Hostel

Kinderfreundliche Hotels & Pensionen

Scubepark Berlin (Neukölln) 183

Tipp: Gleich neben dem Scubepark liegt das **Tempelhofer Feld** (▶ Seite 16), das jede Menge Auslauf bietet.

Eine Mischung aus Camping und Hotel, das Ganze günstig gelegen zur Innenstadt und mit Spiel- und Frischluftfaktor. Die *Scubes* sind Holzhütten mit neun Quadratmetern Grundfläche – 31 Stück davon stehen auf einem vom Neuköllner Columbiabad abgetrennten Grundstück. Die Häuschen für Familien haben ein Hochbett. Frühstück und Sanitäres gibt's im Gemeinschaftsgebäude, der Garten beherbergt auch Kaninchen und hat einen Grill, den die Gäste nutzen dürfen. Der Weg zum Freibad beträgt 50 Meter, der zur Stadtbesichtigung via U-Bahn 500 Meter und Fahrräder vermietet der Betreiber auch.

Columbiadamm 160 | Tel. (0 30) 69 80 78 41 | www.scubepark.berlin |
U-Bahnhof Boddinstr. (U8)

Pension 11. Himmel & Himmelhoch C.ehn (Marzahn)

Übernachten im Plattenbau. Diese Pension ist nicht nur für Familien mit Kindern geeignet, sondern vor allem von Kindern gemacht. Im 10. und 11. Stockwerk eines typischen Marzahner Mietshauses gelegen, bringt die Übernachtung in dieser Pension die Besucher mit einer wenig bekannten Gegend von Berlin in Kontakt. Wer hier übernachtet, erlebt von Künstlern gestaltete Zimmer, Herbergseltern im juvenilen Alter, einzigartige Aussicht und auf jeden Fall auch ein einzigartiges Berlin-Feeling. Wer nicht gleich übernachten möchte, kann auch erst einmal im hauseigenen Café vorbeischauen. Und Kinder, die mitmachen wollen, finden im *Kinderkeller* des *Kulturhochhauses* Anschluss.

Wittenberger Straße 85 | Tel. (0 30) 93 77 20 52 | www.kulturhochhaus-marzahn.de |
Café Mo–Fr 10–18 Uhr | S-Bahnhof Ahrensfelde (S7) oder Tram (M8, 16) bis Niemegker Str.

Scandic Hotel Potsdamer Platz (Mitte) 184

Der Ableger der schwedischen Hotelkette ist direkt im Rücken des Potsdamer Platzes gelegen und von daher ein klasse Ausgangspunkt für Ausflüge zu den Sehenswürdigkeiten der Stadt. Das ganze Hotel ist in skandinavischem Design gehalten und barrierefrei. Das Berliner Hotel ist eines der Familienhotels der Kette: Kinder bis 12 Jahre übernachten kostenfrei im Zimmer der Eltern, zudem gibt es Teenagerzimmer: Neben dem Zimmer der

Eltern gelegen und zu einem günstigen Tarif buchbar für ein bis zwei Jugendliche. Für die Kinder gibt es ein Willkommensgeschenk, Spielzimmer und im Restaurant ein Kindermenü.

Gabriele-Tergit-Promenade 19 | Tel. (0 30) 7 00 77 90 | www.scandichotels.de |
S-/U-Bahnhof Potsdamer Platz

Hotel 103 (Prenzlauer Berg) 185

Das *Hotel 103* liegt an der Schönhauser Allee und damit in Laufweite von den quirligen Kiezen des Prenzlauer Berges mit ihrem vielfältigen Angebot für Familien und Kinder. Außerdem ist die S- und U-Bahnstation Schönhauser Allee gleich nebenan und damit das Tor zum Rest der Stadt ebenfalls geöffnet. Die Lage der 53 Zimmer ist ruhig in einem Altbau-Hinterhaus, einige davon sind Mehrbettzimmer, für die ein besonderes Familienangebot gilt. Kinderspielecke und Billardtisch gibt's auch.

Schönhauser Allee 103 | Tel. (0 30) 43 65 91 03 | www.hotel103.de |
S-/U-Bahnhof Schönhauser Allee

Pension Peters (Charlottenburg) 186

34 Zimmer im Westberliner Stuck-Altbau in familiärer Atmosphäre. Die Pension ist nahe des Kurfürstendamms am Savignyplatz gelegen und damit idealer Ausgangspunkt für Ausflüge in Charlottenburg und Umgebung, aber zur S-Bahnstation am Savignyplatz sind es nur knapp 300 Meter und damit sind auch Ziele in anderen Teilen der Stadt problemlos zu erreichen. Zwei Kinder bis neun Jahre übernachten kostenfrei mit im geräumigen Familienzimmer und frühstücken auch gratis.

Kantstraße 146 | Tel. (0 30) 3 12 22 78 | www.pension-peters-berlin.de |
S-Bahnhof Savignyplatz

Industriepalast (Friedrichshain) 187

Der rote Backsteinbau war früher tatsächlich mal kleineren Firmen der Leder-, Metall- und Elektroteilverarbeitung zugedacht. Heute gibt es hier rund 400 Betten in 90 Zimmern – vom gemütlichen Doppelzimmer bis zum Schlafsaal ist alles dabei, zudem ist das Hostel sehr gepflegt und schön gestaltet. Für Familien gibt es Mehrbettzimmer mit eigenem Bad. Das Hostel liegt direkt an der schönen Oberbaumbrücke an der Spree.

Warschauer Straße 43 | Tel. (0 30) 74 07 82 90 | www.ip-hostel.com |
S-/U-Bahnhof Warschauer Str.

Das Scandic Hotel am Potsdamer Platz ist ein Familienhotel und bietet spezielle Angebote.

Novotel (Mitte & Tiergarten) 188

Die Hotels der Kette *Novotel* sind groß und verfügen über viele Zimmer. Hier in Berlin wohnt man zum Beispiel auf der Fischerinsel nahe dem Niko-laiviertel oder direkt am S-Bahnhof Tiergarten. Das Angebot für Familien ist gut: Bis zu zwei Kinder bis 16 Jahre übernachten kostenlos im Zimmer der Eltern, bei der Buchung eines zweiten Zimmers ist dieses um 50 Prozent ermäßigt. Kinder bis 16 Jahre frühstücken generell kostenlos. Für Famili-en mit Kleinkindern: Dank einer Kooperation mit Quinny können Buggies ausgeliehen werden. Sind die Kinder schon etwas älter: Eine weitere Ko-operation mit *Xbox* stellt Videospiele und Filme zur Verfügung – beides zum Nulltarif.

Novotel Mitte | Fischerinsel 12 | Tel. (0 30) 20 67 40 | www.novotel.com |
U-Bahnhof Stadtmitte (U2, U6)
Novotel Tiergarten | Straße des 17. Juni 106–108 | Tel. (0 30) 60 03 50 |
S-Bahnhof Tiergarten

Einkaufen für Kinder

Kleine Leute haben einen großen Bedarf. Beinahe alles, was die großen Leute brauchen, brauchen sie auch, und dann noch einiges mehr. In Berlin Kinderkleidung shoppen, das kann großen Spaß machen und das Konto strapazieren. Dafür seien Einkaufsbummel durch die Kieze des Prenzlauer Bergs und Friedrichshains, den Pankower Florakiez oder den Schöneberger Akazienstraßenkiez empfohlen. Außergewöhnliche Teile sind das eine, den breiten Bedarf aber decken auch die zahlreichen Kinder-Secondhands ebendort. Kinderflohmärkte veranstalten Kitas und Grundschulen in allen Bezirken.

● **Ladenketten**

Baby Walz (Prenzlauer Berg, Charlottenburg) 189

Bei *Baby Walz* gibt es eigentlich alles rund um die Erstausstattung des Babys: Vom Strampler bis zum Autositz bieten die Filialen auf großer Grundfläche eine breite Auswahl guter Marken. Das erste Bettchen, das erste Stühlchen für die folgenden Monate und Jahre gibt es ebenfalls hier. Und auch für ältere Kinder bis zum Alter von acht Jahren kann man Klamotten, Spielzeug, Bastelbedarf oder Schulbedarf erwerben. Das Ganze gibt es noch umfangreicher online.

Tipp:
Bei **Baby Walz** kann man **Kinderwagen** und **Kindersitze** auch ausleihen.

Forum Landsberger Allee | Landsberger Allee 117 |
Tel. (0 30) 20 08 92 50 | www.baby-walz.de |
Mo–Fr 9.30–20, Sa 9.30–16 Uhr | S-Bahnhof Landsberger Allee
Knesebeckstraße 59–61 | Tel. (0 30) 88 71 68 0 | www.baby-walz.de |
Mo–Fr 9.30–20, Sa 9.30–18 Uhr | U-Bahnhof Uhlandstr. (U1)

C&A (berlinweit)

Gründe, die für einen Einkauf bei *C&A* sprechen, gibt es mehrere. Zum einen die Qualität der Kinderkleidung: Ein großer Teil ist aus Bio-Baumwolle hergestellt. Und nachdem die Bekleidungs-Kette zehn Jahre lang mit einem eigenen Bio-Siegel gearbeitet hat, gibt es neuerdings auch eine ganze Reihe Sachen, die mit dem *GOTS*-Siegel zertifiziert sind. Neben günstigen Kleidern ohne schädliche Chemikalien gibt es Ruhe und Muße zum Einkaufen: Die kindliche Begleitung wird von der Kinderecke absorbiert, wo sie auf einem Palomino-Pferd reiten kann oder schlichtweg eine Weile in den *KiKa* schaut. *C&A* hat 20 Filialen in Berlin, eine ist bestimmt auch in der nächstgelegenen Einkaufspassage zu finden.

www.c-und-a.de

Finkid (Charlottenburg) 190

Das finnische Label *Finkid* produziert wetterfeste, warme und in ihrer Schlichtheit sehr schöne Kinderbekleidung. Warme Jacken, wetterfeste Hosen und Kuscheliges für untendrunter verkauft der einzige *Finkid* Store in Berlin in Charlottenburg. Die entsprechend schicken Sachen für die Mama gibt es auch – die Reihe *Finside*.

Finkid Store | Leonhardtstraße 24 | Tel. (0 30) 31 01 63 50 |
www.finkid.de | Mo–Fr 10–18, Sa 10–14 Uhr |
S-Bahnhof Charlottenburg

Tipp:
Zwei **Finkid Outlet Stores** verkaufen außerdem Muster-Teile oder solche aus vergangenen Kollektionen (Güntzelstraße 63 | www. finkid-outlet-wilmersdorf. de und Manfred-von-Richthofen-Str. 20 | www.finkid-outlet.de).

Ernsting's Family (berlinweit)

Knapp die Hälfte ihres Umsatzes erwirtschaftet die Bekleidungs-Kette mit Kinderkleidung – die Sachen der Haus-Marke *Topolino* sind in jedem Fall preisgünstig und oft auch schön. Auf alle Fälle bekommt man hier all die

Gerade am Anfang kann man davon nie genug haben: Strampler & Co.

Bei Dollyrocker gibt es Modisches aus Secondhand-Stoffen für die Kleinsten

Basics: Strumpfhosen, Unterwäsche, Regensachen. Um Nachhaltigkeit und Bio-Baumwolle wird sich immerhin bemüht. Kleidung für die Eltern gibt es auch – dazu das ein oder andere für die Wohnung. Die Läden sind so aufgebaut, dass auch ein Kinderwagen durchkommt. Wer im Online-Shop bestellt, kann kostenfrei in die nächste Filiale liefern lassen.

www.ernstings-family.de

name it (Mitte, Prenzlauer Berg, Steglitz) 191

Eine besondere Freude am Dasein des eigenen Kindes als Kita- oder Grundschulkind bereitet das Markieren der Klamotten. Mit Wäschestift oder Einnäher (im Idealfall), mit dem nächst greifbaren Edding (im häufigsten Fall) muss dafür gesorgt werden, dass wenigstens die Erzieher über die richtige Paarung Kind-Kleidung informiert werden. Das Label *name it* liefert praktischerweise das Etikett zur Beschriftung gleich mit. Außerdem sind die Sachen hübsch, erschwinglich und zu einem großen Teil aus Bio-Baumwolle hergestellt. Alle Größen vom Frühchen bis zum Zwölfjährigen. *name it* gibt es drei Mal in Berlin – in Mitte, Prenzlauer Berg und Steglitz.

z. B. Alexa Berlin | Grunerstraße 20 | Tel. (0 30) 24 04 83 86 | www.de.nameit.com |
S-/U-Bahnhof Alexanderplatz und
Schönhauser Allee Arcaden | Schönhauser Allee 79–80 | Tel. (0 30) 43 65 95 86 |
S-/U-Bahnhof Schönhauser Allee

Kleine Geschäfte

Cottonbudbaby

Schick, wirklich ökologisch korrekt und dann auch noch bezahlbar – geht das? Die Geburt der eigenen Tochter machte die Berliner Journalistin Severine Naeve zur Recherche-Spezialistin in Sachen Kinderbekleidung. Die Antwort auf obige Frage war ein klares Nein. Aus dieser Erkenntnis heraus gründete sie ihre Firma: *Cottonbudbaby* vermietet Wäschepakete für Babys erstes halbes Jahr. Wächst der Winzling, kommt eine neue Box aus Prenzlauer Berg. Einkaufen müssen Sie nur noch Söckchen und Windeln.

Tel. (01 72) 7 73 37 11 | www.cottonbudbaby.com

Frieda Hain (Friedrichshain) 192

„Kinderkram und Nettigkeiten" bietet der Laden am Boxhagener Platz an, vor allem aber: außergewöhnliche Stoffe und Bänder aus aller Welt. Aber auch schöne Taschen und Rucksäcke, Kleinmöbel, Küchenutensilien, Spielsachen und ausgesucht schöne Kinderbücher. Gibt es auch im Onlineshop.

Gärtnerstraße 10 | Tel. (0 30) 41 76 14 75 | www.friedahain.de | Mo–Fr 11–19, Sa 11–18 Uhr | U-Bahnhof Samariterstr. (U5)

Dollyrocker Kindermoden (Friedrichshain) 193

Mode für die Kleinsten: In Ihrem Laden am „Boxi" verkaufen Ina Langenbruch und Gabi Hartkopp ihre eigenwilligen Kreationen aus Secondhand-Stoffen. Und das zu bezahlbaren Preisen. Ein Hit sind die beidseitig tragbaren Mützchen für die Kleinsten ab 16 Euro. Der helle Verkaufsraum mit Dielenboden und Spielecke ist ein Ort zum entspannten Stöbern für Friedrichshainer Mamas, Papas und deren Anhang.

Gärtnerstraße 25 | Tel. (0 30) 54 71 96 06 | Di–Fr 10–19, Sa 10–16 Uhr | U-Bahnhof Samariterstr. (U5)

Ranzenfee & Koffertroll (Wedding) 194

Die Kunst des richtigen Tragens wird in den ehemaligen Osramhöfen auf rund 500 Quadratmetern zelebriert. Nun muss man ja nicht alle Tage einen Schulranzen kaufen, da er aber über Jahre täglich auf den schmalen Kinderschultern hängen muss, ist eine fach-

Tipp:
Scout Outlet: Vielleicht findet sich ja doch zufällig das Richtige beim Fabrikverkauf der Firma Alfred Sternjakob – hier werden die Scout-Schulranzen als **2. Wahl** und **Auslaufartikel** angeboten (Wilhelmstraße 21–25 | Do/Fr 11–19 Uhr).

kundige Beratung und eine große Auswahl unbedingt angeraten. Das einkaufende Kind kann derweil einen „Ranzenführerschein" absolvieren und wird am Ende mit dem Neuerwerb abgelichtet. Und Rucksäcke und Koffer für alle anderen Gelegenheiten gibt es auch noch vor Ort.

Carrée Seestraße | Oudenarder Straße 16 | Tel. (0 30) 43 72 71 65 | www.ranzenfee-koffertroll.de | Mo–Fr 10–19, Sa 9–18 Uhr | U-Bahnhof Osloer Str. (U8, U9)

Der Aussteiger (Prenzlauer Berg, Friedrichshain)

Auch ein Kind braucht mal Urlaub. Das Zubehör dazu findet es in den Läden der Aussteiger. Schlafsäcke, Rucksäcke, Campingmöbel, Wanderschuhe, Trinkflaschen, Wetterfestes für jede Gelegenheit – das Outdoor- und Frischlufterlebnis muss keinesfalls an der fehlenden Ausrüstung scheitern. Reisen darf auch das mitgebrachte Kuscheltier, und zwar in einer Weltraumflug-Testanlage. Zur Belohnung gibt es eine Medaille.

Danziger Straße 28 | Tel. (0 30) 38 10 71 80 | U-Bahnhof Eberswalder Straße (U2)
Warschauer Straße 27a | Tel. (0 30) 29 77 72 77 | www.der-aussteiger.de | Mo–Sa 10–20 Uhr |
U-Bahnhof Frankfurter Tor (U5) oder S-/U-Bahnhof Warschauer Str.

Der Flohmarkt auf dem Arkonaplatz ist ein überregionales Kiez-Ereignis, bei dem sich viele tolle Sachen finden lassen.

● Flohmärkte & Secondhand-Läden

Kinderflohmarkt auf dem Helmholtzplatz (Prenzlauer Berg) ⓫⓺

Einmal im Monat von März bis Oktober wird rund um das Spielcafé *Kiezkind* (▸ Seite 127) gehandelt: Spielzeug, Kinderkleidung oder Selbstgemachtes wird angeboten. Im Herzen Prenzlauer Bergs kann man sich dabei auf eine große Auswahl schöner Sachen beziehungsweise eine große Menge interessierter Käufer freuen. Das Café und der gegenüberliegende Spielplatz bieten die ideale Infrastruktur, um die eigenen Kinder während des Ein- oder Verkaufs mit Bewegung und Snacks bei Laune zu halten.

Tipp: Kinder und Jugendliche mit eigenem Stand erhalten beim **Flohmarkt auf dem Helmholzplatz** eine **Ermäßigung.**

Café Kiezkind auf dem Helmholtzplatz | Termine unter www.mein-kiez-kind.de bzw. www.machmitmuseum.de | Anmeldung für den Flohmarkt unter Tel. (0 30) 74 77 82 00 | U-Bahnhof Eberswalder Str. (U2)

Flohmarkt auf dem Arkonaplatz (Mitte) ⓫⓽⓻

Der Flohmarkt auf dem Arkonaplatz ist ein überregionales Kiez-Ereignis. Zum einen trifft man hier die Anwohner, die die Kinder auf den tollen Spielplatz schicken und mal eben nachsehen, ob sich noch ein Designer-Schnäppchen für die Wohnung finden lässt. Zum anderen kommen aus eben diesem Grund auch Trödler aus den anderen Ecken der Stadt hierher. Und Stände mit abgelegten Klamotten, Dingen aus ausgeräumten Kellern und allem, was Oma noch hatte, gibt es auch.

Arkonaplatz | www.troedelmarkt-arkonaplatz.de | So 10–16 Uhr | U-Bahnhof Bernauer Str. (U8)

Trödelmarkt am Boxhagener Platz (Friedrichshain) ⓫⓽⓼

Der Flohmarkt auf dem Boxhagener Platz ist der Friedrichshainer Verwandte des vorgenannten Flohmarkts. Eine nette Atmosphäre, eine gute Mischung aus privaten und professionellen Trödlern, ein großer Kinderspielplatz, hier sogar mit Plansche, Grünanlage und einem Café auf dem Platz. Alles, was des Wochenendausflüglers Herz begehrt also, man trifft die Nachbarn und die Neugierigen von überallher.

Boxhagener Platz | Tel. (01 74) 9 46 75 57 | So 10–18 Uhr | U-Bahnhof Samariterstr. (U5)

Humana (berlinweit) `199`

Das ist Secondhand der Superlative: Es gibt von allem sehr viel. Und es kostet, zumindest was die Basics angeht, gar nicht viel. Soll das Kind eine original 70er-Jahre-Cordlatzhose bekommen, wie man die mal selber hatte? Die könnte hier zu finden sein. Oder braucht es einen Haufen T-Shirts, um aus der nächsten Geburtstagsparty eine Malfete zu machen? Jepp, richtige Adresse. Insgesamt gibt es zehn Filialen in Berlin, besonders beeindruckend ist das fünfstöckige *Humana*-Kaufhaus am Frankfurter Tor.

z. B. Frankfurter Tor 3 | Tel. (0 30) 4 22 20 18 | www.humana-second-hand.de |
Mo–Sa 10–20 Uhr | U-Bahnhof Frankfurter Tor (U5)

Hilly's (Prenzlauer Berg) `200`

Das *Hilly's* sei stellvertretend genannt für all die schönen Kinder-Secondhand-Läden in fast jedem Kiez, in denen man das Zu-Klein-Gewordene des Nachwuchses in Kommission geben kann, sofern es noch gut erhalten ist. Das *Hilly's* verkauft außerdem tolle Vintage-Damenmode und hat eine zentrale Spielecke, die das mitgebrachte Kind beschäftigt.

Kollwitzstraße 39 | Tel. (0 30) 44 32 86 71 | U-Bahnhof Senefelderplatz (U2)

Siebenstern (Pankow) `201`

Dieser schöne Secondhand-Laden hat Kinder- und Babysachen aus erster und zweiter Hand im Angebot und ist auch eine Adresse für gebrauchtes Holzspielzeug und Kindermobiliar. Auch wer ein Kinderfahrrad oder einen Roller sucht, sollte sich einmal den Fuhrpark vor dem Geschäft ansehen.

Florastraße 26 | Tel. (0 30) 47 70 74 46 | www.siebenstern-berlin.de |
Mo–Mi, Fr 10–17, Do 13–18, Sa 10–13 Uhr | S-/U-Bahnhof Pankow

Lumpenprinzessin (Schöneberg) `202`

Großer Raum für ganz kleine Klamotten. Das Geschäft für Kindersachen bis drei Jahre hat 170 Quadratmeter! Neben Kleidung gibt's hier auch Spielsachen, Bücher und Kassetten, Kinderwägen. Nicht alles ist Secondhand, es wird auch günstige Neuware angeboten. Und für Kinder von 4 bis 16 Jahre geht's um die Ecke, in das andere Geschäft.

Lumpenprinzessin 0–3 Jahre | Kyffhäuser Straße 19 | www.lumpenprinzessin.de |
Mo–Fr 11–18, Sa 11–15 Uhr | U-Bahnhof Nollendorfplatz
Lumpenprinzessin 4–16 Jahre | Barbarossastraße 61 | Mo–Fr 10.30–18.30, Sa 11–15 Uhr |
U-Bahnhof Eisenacher Str. (U7)

Für Buggys, Kleidung, Bücher und vor allem Holzspielzeug ist der Secondhand-Laden *Siebenstern* eine tolle Adresse.

Medientipps

● **www-Tipps**

Ytti

Das Onlinemagazin informiert umfassend und aus erster Hand über Veranstaltungen, Ausflugsziele und Orte für Kinder in und um Berlin.

www.ytti.de

Himbeer Magazin

Das Familien-Onlinemagazin für Berlin und München ist lesenswert wegen
der Magazin-Artikel – und erscheint auch allmonatlich im Print und einmal
jährlich als Buch.

www.himbeer-magazin.de

Go.berlin

Dieser Hinweis ist ausschließlich für Nichtberliner gedacht: Berliner nämlich unterscheiden sich nicht nur in Ost- und Westberliner oder in Curry-
wurstesser und Dönerfans. Die eigentliche Frage, die die Stadt teilt, ist:

Die Kinder kennen sich bald besser aus als die Eltern.

Zitty oder *tip*? Die beiden Veranstaltungsmagazine erscheinen in versetztem, zweiwöchentlichem Rhythmus und haben jeweils einen eigenen, redaktionellen Spirit, der die Anhängerschaft bindet beziehungsweise teilt. Dabei gehören beide Zeitungen inzwischen zu einem Verlag – und haben auch eine gemeinsame Internetseite, auf der der Veranstaltungskalender zu finden ist. Ebenso die Kinder-Rubriken.

www.go.berlin (Und natürlich: www.zitty.de sowie www.tip-berlin.de)

Radio Teddy

Das „Kinderradio für die ganze Familie" spielt tagsüber Songs für Kinder und für Erwachsene im Wechsel und mischt informative Eltern-Themen mit Kinderhörspielen. Eine Kinderzeitung und diverse CD-Veröffentlichungen gibt es auch.

www.radioteddy.de

Kidsgo.de

Dieses Magazin – vorwiegend über den Beginn der Zeit mit Kindern, nämlich über Schwangerschaft bis Babyzeit – gibt es online und es liegt als Heft in vielen Geschäften und Veranstaltungsorten aus.

www.kidsgo.de

Ohrka.de

Tolle Kinder-Bücher, vorgelesen von bekannten Schauspielern und das Ganze kostenfrei zum Download. Das gibt's, für Kinder ab etwa 5 Jahren.

www.ohrka.de

Kinderstadtpläne

Kinderstadtpläne haben Kinder unterschiedlicher Grundschulen entwickelt und darin Spiel- und Sportplätze, aber auch Ampeln und Schulen verzeichnet.

www.berlin-sicher-mobil.de

Kinder & Elternstadtplan

Ein Plan mit familienspezifischen Einträgen der Gewerbetreibenden liegt in Kitas, Jugendeinrichtungen und den beteiligten oder relevanten Geschäften aus.

www.planpromotion.de

Feste für Kinder

Berlinale-Sektion Generation

Wenn im Februar die Großen des internationalen Films und ihre Werke nach Berlin kommen, gibt es auch eine Sektion des Festivals mit Filmen für Kinder und Jugendliche.

www.berlinale.de

Kinderkarneval der Kulturen

Seit 1996 findet der Kinderkarneval einen Tag vor dem großen Karnevalsumzug an Pfingsten statt. Die Vorbereitungen laufen das ganze Jahr über.

www.kma-ev.de

Tag des Kindes

Am 1. Juni ist der Tag des Kindes. Berliner Vereine und Verbände machen um dieses Datum herum mit Feiern auf die Kinderrechte aufmerksam.

Fête de la Musique

Am 21. Juni wird in Berlin an allen Ecken aufgespielt. Auch von und für Kinder, in allen Bezirken.

www.fetedelamusique.de

Kinderfest der HU Berlin

Zum Ende des Sommersemesters öffnet die Humboldt-Universität Tür und Tor für kleine Forscher im Rahmen eines Sommerfests.

www.familienbuero.hu-berlin.de

Kinder- und Jugendfestival

Ende August lädt der Landessportbund Berlin zum Kinder- und Jugendfestival im Olympiapark ein. Dort kann man Sportabzeichen machen, Bühnenprogramme ansehen und seinen Lieblingssportler treffen.

www.berlin-sport.de

Weltkindertag

Am 20. September ist Weltkindertag. Dazu veranstaltet das *Deutsche Kinderhilfswerk* ein großes Kinderfest am Potsdamer Platz – auch viele andere Vereine und Veranstaltungsorte feiern an diesem Tag für die Kinderrechte.

Der bunte Kinderkarneval der Kulturen zieht jedes Jahr durch die Straßen in Kreuzberg

Internationales Literaturfestival

Auch das *Internationale Literaturfestival* im September hat eine eigene Sektion mit Lesungen für Kinder und Jugendliche.

www.literaturfestival.de

Lange Nacht der Familie

Wenn die Tage wieder kürzer werden, muss die Nacht zum Tage gemacht werden. Das *Berliner Bündnis für Familie* bündelt abendliche Familienfeste in allen Berliner Bezirken.

www.familiennacht.de

Die Berliner Märchentage

Die *Berliner Märchentage* finden alljährlich im Oktober statt und tragen jedes Mal ein anderes Motto. Auf dem Programm stehen Märchenstunden und Theateraufführungen an unterschiedlichen Orten.

www.maerchenland-ev.de

KUKI Festival

Das *Internationale Kinder- und Jugend Kurzfilmfestival* findet parallel zum *interfilm Festival* im November statt und präsentiert Wettbewerbsprogramme für alle Altersstufen zwischen 2 und 17 Jahren.

www.interfilm.de

Legende

Die Orte zu den Nummern finden sich im Kapitel
mit der entsprechenden Farbe:

1 – **38** Spaß & Erlebnis im Grünen

39 – **86** Action mit Kindern

87 – **117** Kultur & Unterhaltung

118 – **150** Berlin erleben

151 – **178** Essen & Trinken

179 – **202** Praktische Tipps

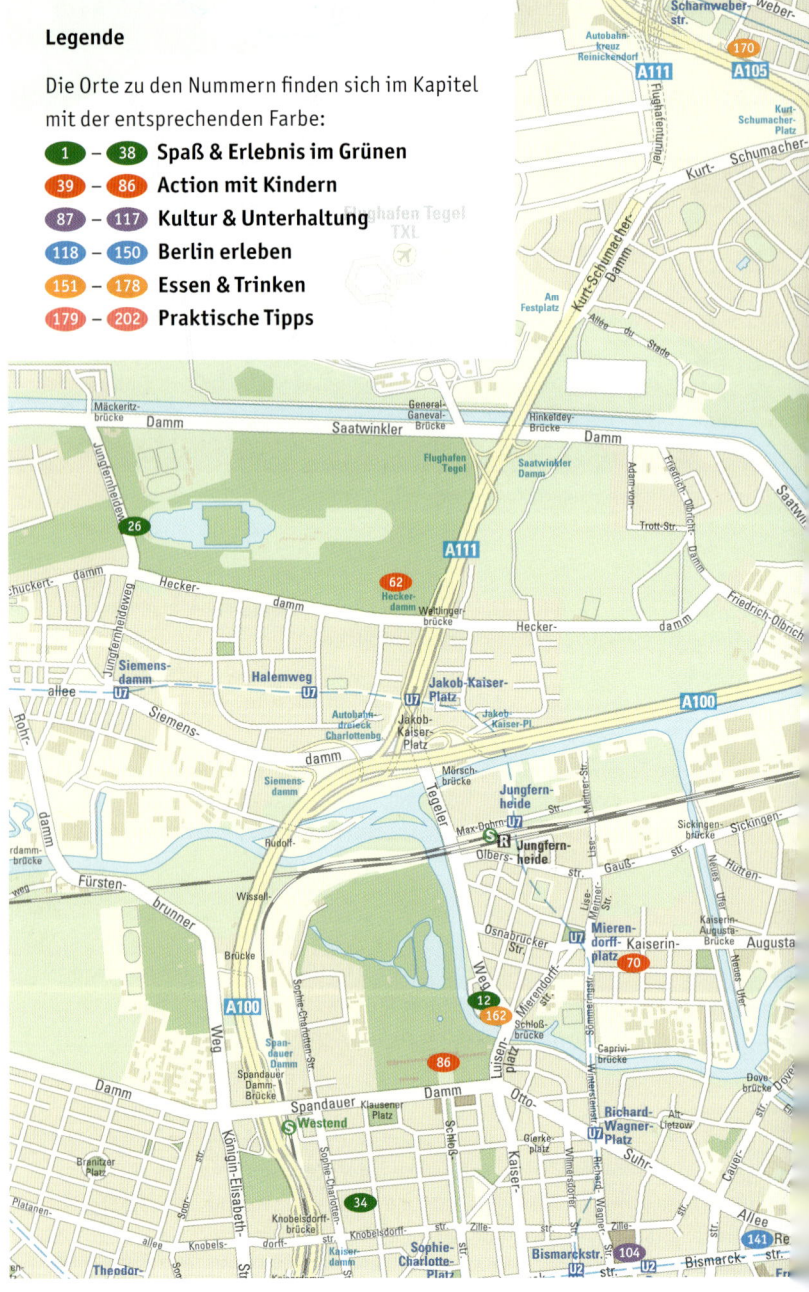

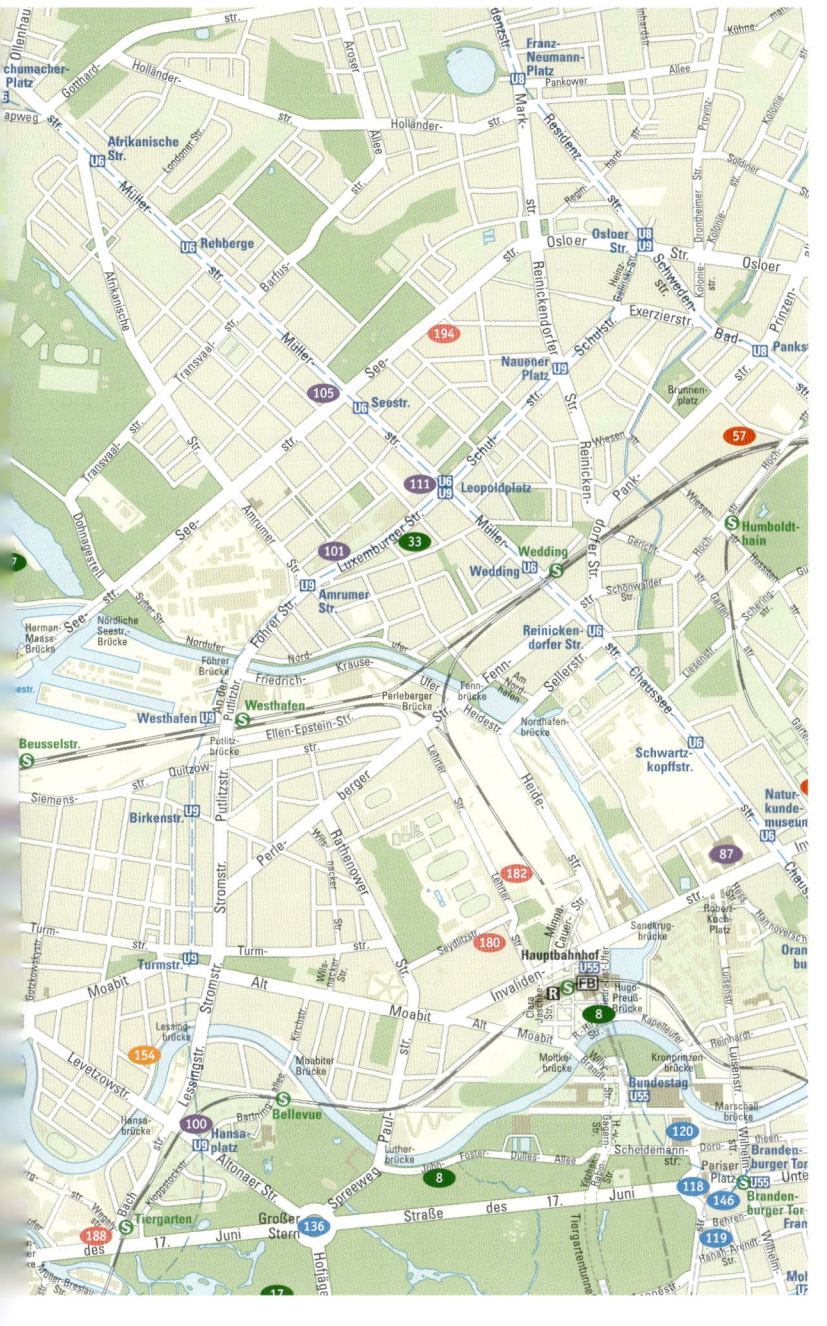

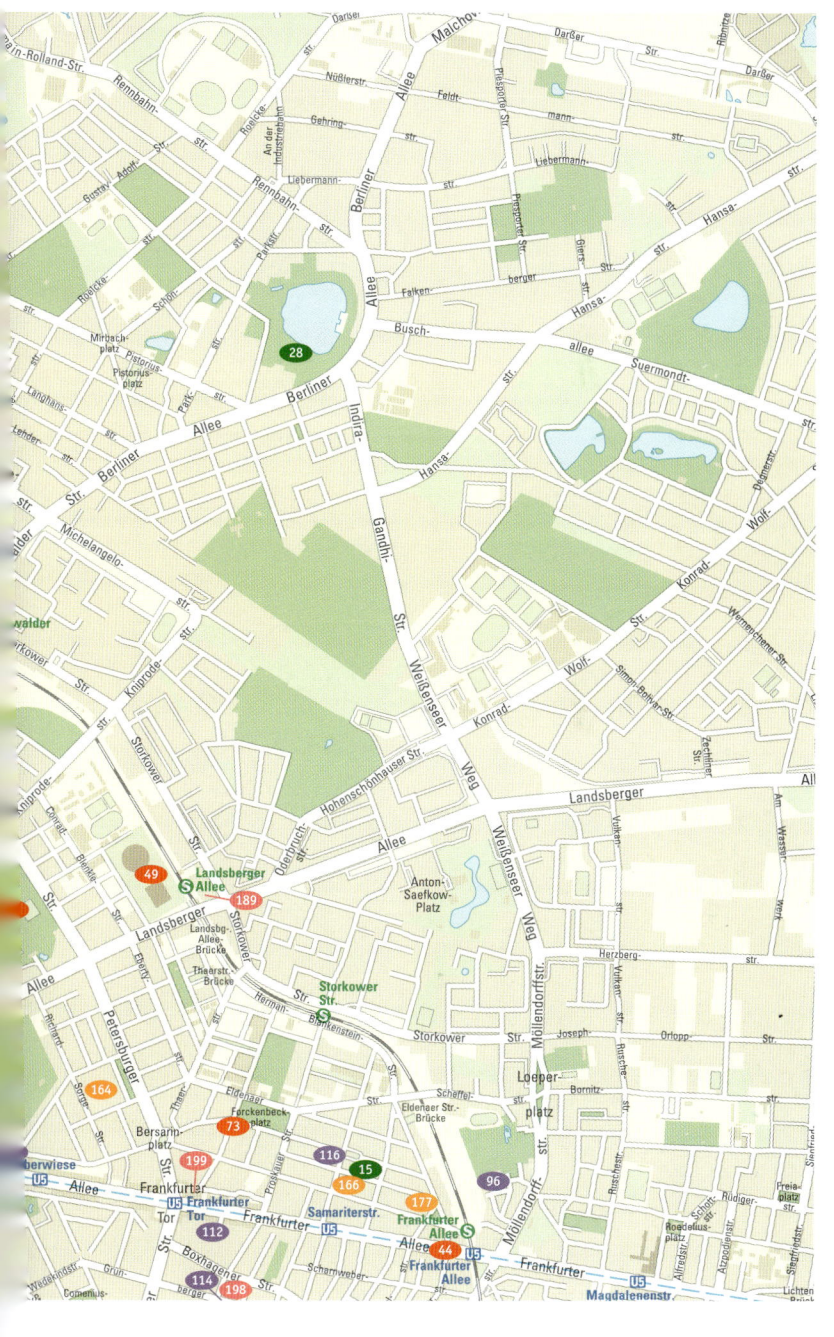

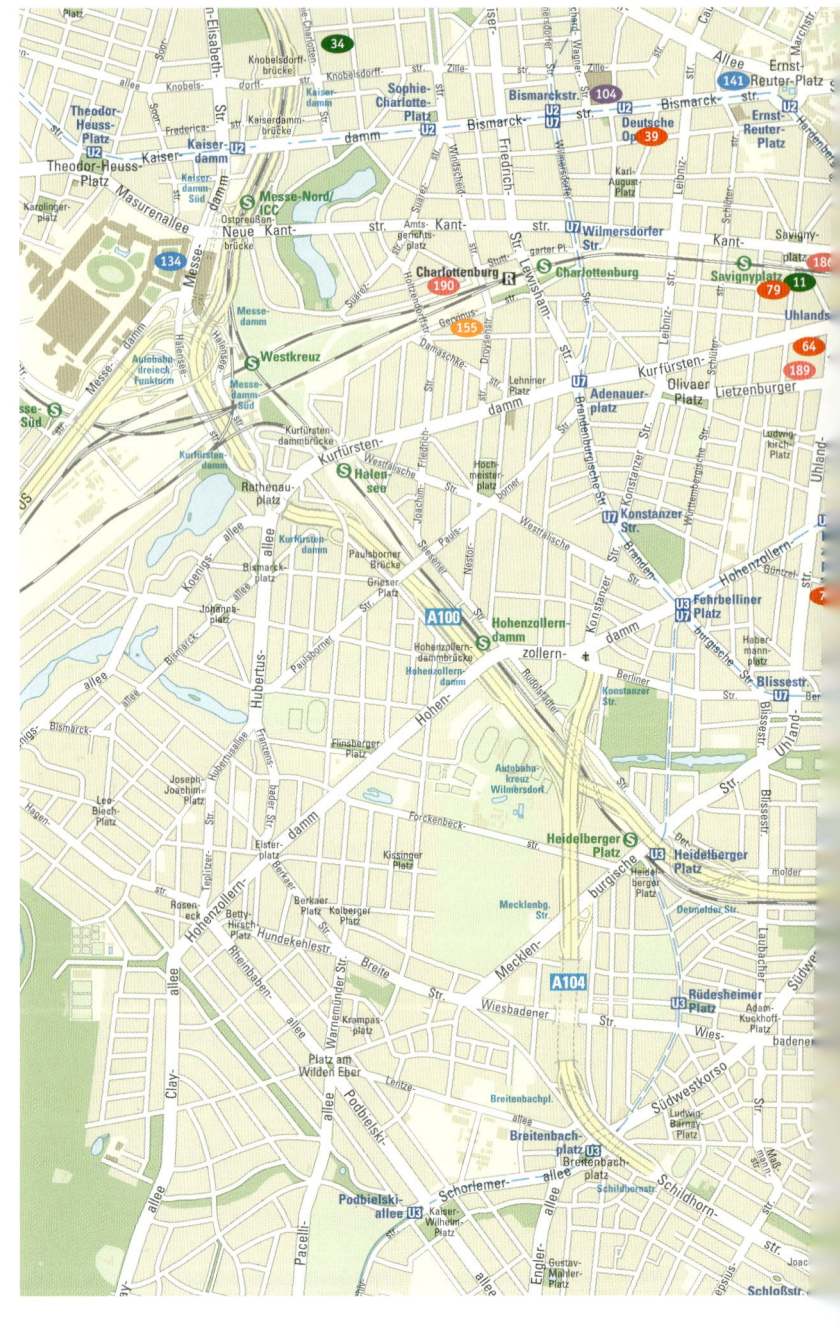

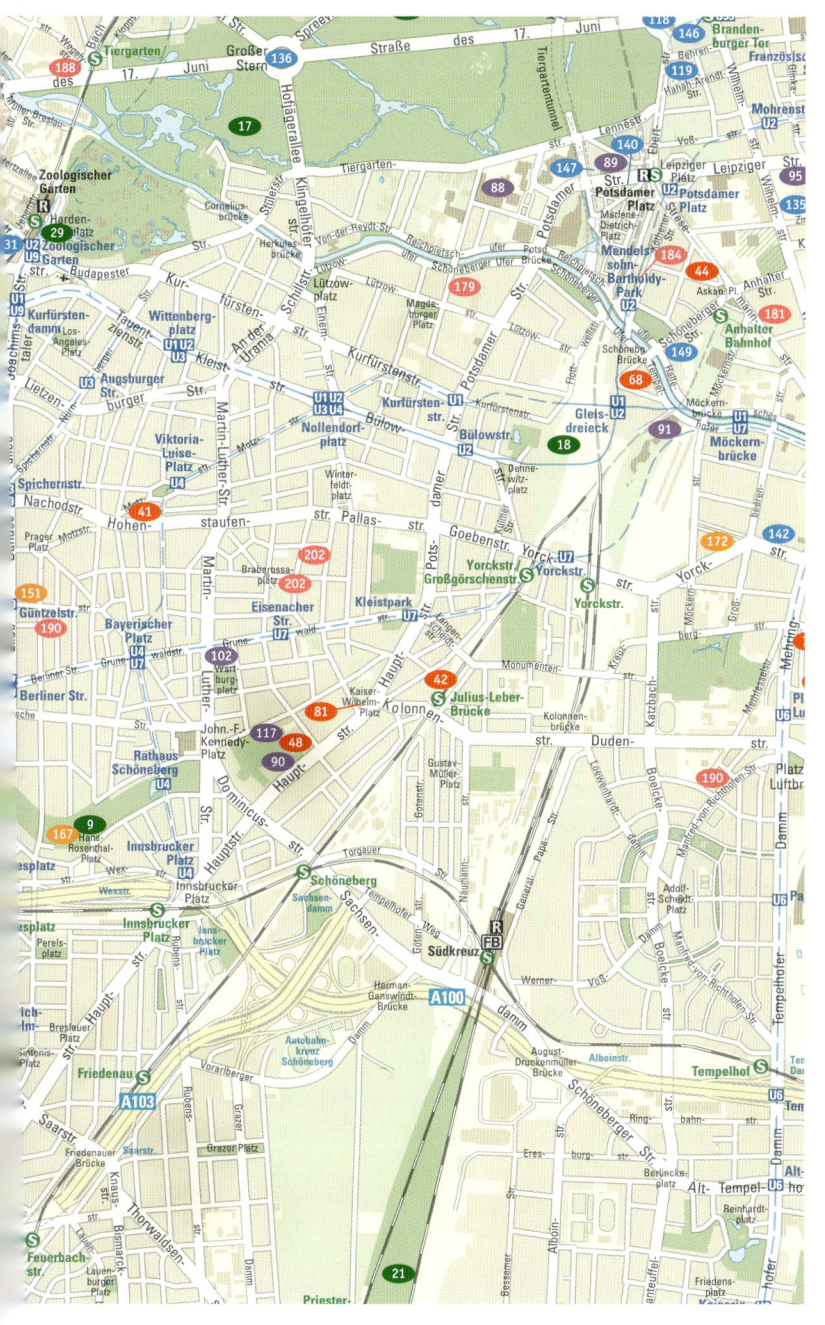

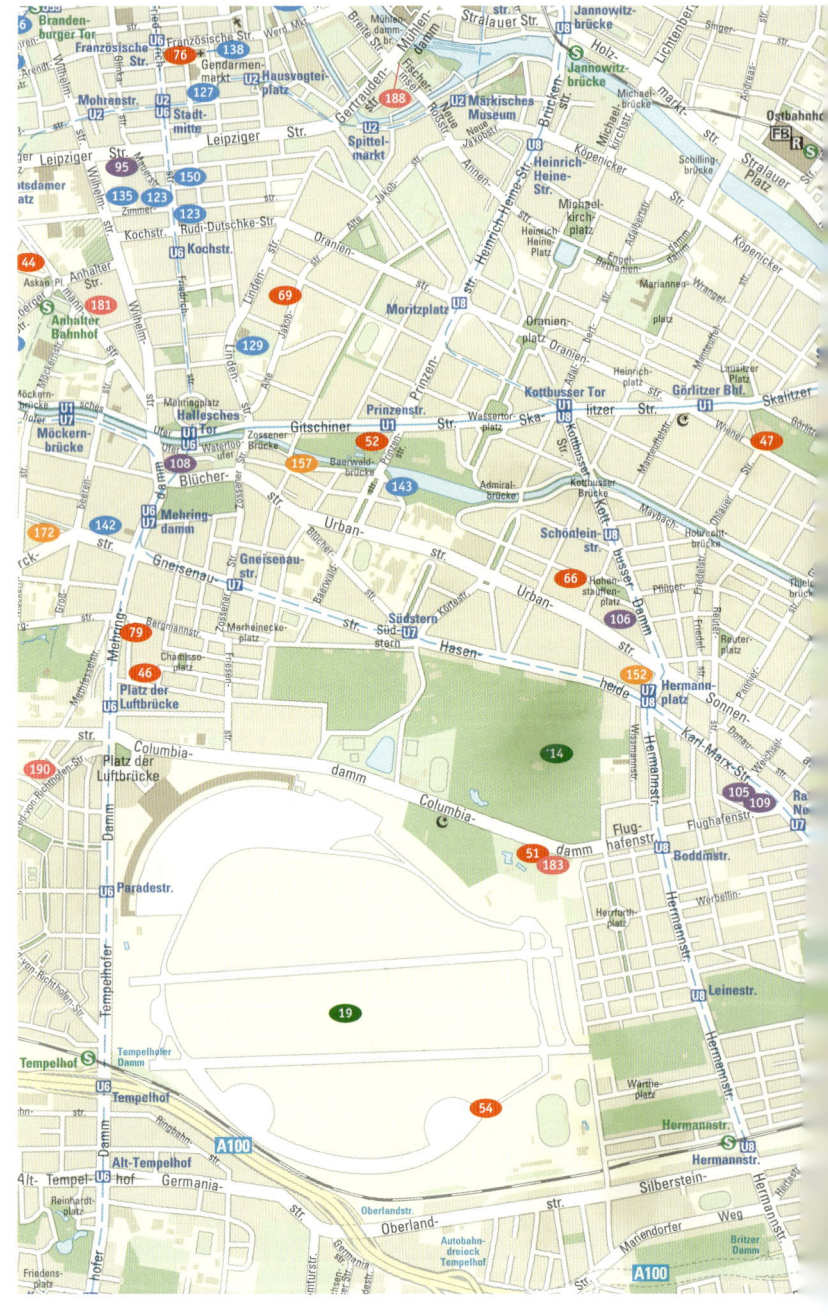

Register

Impressum

Liebe Leserinnen und Leser,
alle Angaben in diesem Stadtführer sind gewissenhaft geprüft. Trotz gründlicher Recherche unserer Autorin können sich manchmal Fehler einschleichen. Wir bitten um Verständnis, dass der Verlag dafür keine Haftung übernehmen kann. Über Hinweise, Berichtigungen und Ergänzungsvorschläge freuen wir uns jederzeit.

via reise verlag
Lehderstraße 16–19
13086 Berlin
post@viareise.de
www.viareise.de

© **via reise verlag Klaus Scheddel**
1. Auflage, Berlin 2016
Alle Rechte vorbehalten
ISBN 978-3-935029-93-3

Text & Recherche
Julia Brodauf

Redaktion
Janina Johannsen, Natalie Hanß

Layout
Annelie Krupicka, Kerstin Klupsch

Herstellung
Annelie Krupicka

Umschlaggestaltung
Annelie Krupicka

Kartografie
Carlos Borrell, Berlin

Druck
Druckerei Conrad GmbH, Berlin

Umschlagfoto vorn
S-Bahn-Spielplatz am Ostkreuz
(Klaus Scheddel)

Umschlagfotos hinten (v. l. n. r.)
Am Helmholtzplatz (Julia Brodauf);
Kinder auf dem Steg (Julia Brodauf);
Gummitier (Julia Brodauf); Bootsfahrt
(Filmpark Babelsberg: Frank Mathwig)

Fotos Innenteil
Julia Brodauf, außer: Berliner Bäderbetriebe 44, 47; Bernd Schöneberger 82; Buchkantine: Roland Horn/Leo Seidel 123; Clipdealer 172; Dockx 42; Felix Müller 4; FEZ: Michael Lindner 92; Fotolia 31, 33, 46, 59, 72, 74-75, 94-95, 120-121, 152; Grün Berlin Park und Garten GmbH 19; Ines Pavlou 130; Ines Schulze 89; Katharina Pfaller 166; Kerstin Klupsch 126; Klaus Scheddel 6-7, 9, 13, 16, 146; KMA 175; Kolle37 67; Kulturbrauerei Berlin: Kai Bienert 36; Marcus Lieberenz 85; MfN Berlin: Antje Dittmann 77; Naturschutzzentrum Ökowerk Berlin e. V. 137; Oliver Böhm 40; Oliver Kirpal 99; Peter Dreiss 160; Pixabay 168; Pixelio 26, 96, 109, 110; Pressestelle Bezirksamt Pankow 139; RalfR-32 112; Scandic Hotel 163; Shutterstock 30, 48-49, 132, 133, 134-135, 150-151, 165; Siebenstern 171; Südbloc Boulderhalle 53; Svea Pietschmann 103; Tanja Onken: 112; Tanz-Tangente 62; Ulrike Wiebrecht 142; Van Loon 114; visit Berlin: Legoland Discovery Centre Berlin 117; visit Berlin: Mount Mitte 54; visit Berlin: Philip Koschel 23; visit Berlin: Rasmus 155; Waldhochseilgarten Jungfernheide 38-39, 57; WikiCC_Inhiber 140; Zoo Berlin 28